視野と奥行知覚に関する研究

太田雅夫著

風間書房

まえがき

　最近の３D映像技術の発展には目を見張るものがある。３D映画等をみてその迫力を満喫したことのある読者も少なくないであろう。それはそれとしてすばらしい文化といえる。ただ動物が長い進化の過程で立体視の機能を獲得してきた経緯を想像すると，この機能を楽しむためではなく生存に不可欠な機能であったであろう。食うか食われるかの瀬戸際にあって適切に対処するためには極めて重要なものであったに違いない。人類の祖先が狩猟生活をしていた時代を想像してみても同様である。隠れている獲物を見つけた時，また潜伏している恐ろしい相手を発見した時など相手との距離を判断して対処行動を迫られることが幾度となくあったと思われる。このような必要性から動物の中でも特に人類は立体視を非常に発達させてきたが，それには両眼が前方を向いていて左右の眼の視野の重複部分を拡大させて視野内の対象の立体視を容易にしたこと，両眼の輻輳角調節や眼の水晶体の調節等の機能，両眼を素早く移動させて対象を追跡する随意的眼球運動等を獲得したことが大きく寄与しているであろう。

　さて，筆者はこれまで奥行知覚に関する様々な実験的研究を試みてきたが，最初は視野全体を逆転させる方法や奥行知覚が逆転視においても保たれるという不変性に興味を持った。そこでそれらを確かめようと逆転視野眼鏡の製作とそれを用いた実験を繰り返し試行した。逆転視野眼鏡といっても当初は携帯用ビデオカメラと小型テレビのモニターを組み合わせたものであった。やがて小型のカラーのビデオカメラと液晶画面が市販されるようになり，それらを東京の秋葉原で求めて使用するようになった。逆転視の実験を繰り返しているうちに，逆転視や正立視に関わらず如何にして奥行知覚が可能となるかという奥行知覚のしくみに関心が移っていった。そのため，また様々な

実験装置を試作して実験を試行した。凸レンズも種々の度数のものが安易に入手できるようになり，これらをプラスチックの容器に組み込んで実験用装置を作成することができた。しかしこのようにして組み立てた実験用装置は探索的な実験を行うことはできたものの本格的な実験用の装置とは言えず極めて素朴なものであった。また装置に限らず実験そのものにも荒削りのところが多々あったと自覚している。

　筆者はかつて富山県南砺市井波の瑞泉寺の門前に並ぶ欄間製作所の一軒を訪れて製作に携わる職人の方から話を聞く機会があった。欄間の製作において「最後の仕上げ作業は，最も目を引く華やかな段階であるが，全工程の中で最も難しい大事な段階は最初の荒彫りの作業である」という趣旨の説明であった。欄間の製作と学術研究とでは進め方が異なると言ってしまえばそれまでであるが，筆者の行っている研究とどこか似通うところが感じられ，目立たないが重要な荒彫りの作業を自分が担当しているのだと思うことがしばしばであった。今後，より精緻な実験研究へ発展することを切に期待し，華やかな仕上げ作業を後生の方々に委ねる次第である。

　筆者は，次々と発生する疑問を解決しようと試行錯誤を繰り返しながら自分なりに納得のできる結果を追求してきたが，年々齢を重ねるにつれて次第に余命を意識するようになった。多くの仮定や仮説が実証されず未解明のまま残されていると痛感しつつも蛮勇をふるってこれまでの研究成果を取り纏めた次第である。研究の経過を書き綴ったノート程度のものではあるが，大方のご意見ご高評等を切にお願いしたい。

　それにしても，これまで十数年に亘り日本心理学会の大会でほぼ毎年，国際心理学会議で数回研究結果を報告してきた。その際，鳥居修晃博士はじめ多くの先生方のご教示を賜り，また旧同僚や学友の皆様の忌憚のない率直なご意見を頂いた。また三上章允博士には博士の御著作に関して幾度かお尋ねをしたが，度々適切なご教示を賜った。更にまた金沢学院大学の紀要に10年余の長きに亘り毎年，北陸学院大学の紀要にも英文論文を掲載させて頂き，

編集に携わった方々に様々なお手数をおかけした。これらの方々に改めて深く感謝したい。

　本書の構成は第Ⅰ部と第Ⅱ部とから成っている。第Ⅰ部では非交差視野および交差視野と奥行知覚について考察する。第1章では従来からの脳神経生理学等に関する研究成果を中心に非交差視野と交差視野の情報が眼の網膜から大脳の視覚野に至る視覚伝達の過程でどのように変換されるか等を筆者の推論を交えながら検討し，第2章では奥行知覚に関する諸概念を基にそのしくみについて筆者の見解を論じる。第3章では視野変換における奥行知覚に関する諸研究を瞥見する。第Ⅱ部では種々の仮定や仮説を実証するため筆者が実施してきた奥行知覚に関する諸実験を紹介する。第1章では研究分野別の研究のねらいを，第2章では研究の方法を，第3章では主として実験結果の概要を紹介する。

　なお，風間書房にはほぼ四半世紀前にも拙著の刊行をお願いしたのであるが，以前のものとは異なる領域の出版を再度お願いしたところ快く引き受けていただき上梓の運びとなった。風間敬子社長をはじめ同社の斉藤宗親氏等の皆様に様々なご支援やお世話をおかけした。ここに改めて謝意を表したい。

　2018年9月

　　　　　　　　　　　　　　　　　金沢市内卯辰山の寓居にて

　　　　　　　　　　　　　　　　　　　　　　　　太田雅夫

目　次

まえがき

第Ⅰ部　非交差・交差視野と奥行知覚……………………………………1
第1章　非交差視野と交差視野からの視覚伝達……………………………3
　1）非交差視野と交差視野………………………………………………3
　2）非交差視野と交差視野からの視覚伝達……………………………5
　3）動物の非交差視野と交差視野………………………………………18

第2章　奥行知覚のしくみ…………………………………………………23
　1）両眼の輻輳角，視差および両眼視差………………………………23
　2）奥行知覚についての現象的理解……………………………………28
　3）奥行知覚の視点整合に基づく理解…………………………………31
　4）両眼視差と奥行の関係………………………………………………41
　5）輻輳角内の奥行知覚…………………………………………………44
　6）運動視差による奥行知覚……………………………………………50

第3章　変換視野における奥行知覚に関する研究………………………57
　1）変換視野における立体視研究………………………………………57
　2）変換視野におけるシュードスコープ視研究………………………59
　3）変換視野眼鏡長期着用研究…………………………………………62

第Ⅱ部　奥行知覚に関する実験 ……………………………………… 65

第1章　研究分野別　研究のねらい ………………………………… 67
　A　正立視野における対象の立体視またはシュードスコープ視実験
　　　……………………………………………………………………… 67
　　1）両眼の非交差視野における対象の立体視実験 ………………… 67
　　2）片眼の交差視野と他眼の非交差視野における対象の立体視実験 …… 68
　　3）両眼の交差視野における対象のシュードスコープ視実験 ……… 69
　B　逆転視野における対象の立体視実験 ……………………………… 70
　C　運動視差による奥行知覚実験 ……………………………………… 72
　D　奥行反転による反転視実験 ………………………………………… 73

第2章　研究分野別　研究方法 ……………………………………… 77
　2-1　実験装置 ……………………………………………………………… 77
　A　正立視野における対象の立体視またはシュードスコープ視実験
　　　……………………………………………………………………… 77
　　1）両眼の非交差視野における対象の立体視実験 ………………… 77
　　2）片眼の交差視野と他眼の非交差視野における対象の立体視実験 …… 81
　　3）両眼の交差視野における対象のシュードスコープ視実験 ……… 84
　B　逆転視野における対象の立体視実験 ……………………………… 87
　C　運動視差による奥行知覚実験 ……………………………………… 89
　D　奥行反転による反転視実験 ………………………………………… 90
　2-2　視野調節器および透明スクリーン（ウインドウ） ……………… 91

第3章　研究分野別　実験結果 ……………………………………… 97
　A　正立視野における対象の立体視またはシュードスコープ視実験
　　　……………………………………………………………………… 97
　　1）両眼の非交差視野における対象の立体視実験 ………………… 97

2）片眼の交差視野と他眼の非交差視野における対象の立体視実験………106
　　　3）両眼の交差視野における対象のシュードスコープ視実験……………109
　B　逆転視野における対象の立体視実験……………………………………112
　C　運動視差による奥行知覚実験……………………………………………121
　D　奥行反転による反転視実験………………………………………………123

参考・引用文献……………………………………………………………………125
付録1　スライド型ステレオグラムの作成方法………………………………134
付録2　改良型ホイートストーン式ステレオスコープの作成法…………142

第Ⅰ部　非交差・交差視野と奥行知覚

　第Ⅰ部の第1章「非交差視野と交差視野からの視覚伝達」では，両眼の視野がそれぞれ非交差視野と交差視野の領域から成り，その各領域が対象像を映しだすことが可能であり，左右の眼の非交差視野または交差視野の像が重ねられて奥行が知覚されるという前提で述べられている。この前提からすると非交差視野と交差視野の組み合わせごとに奥行知覚が可能になると想定されるが，それらを後述する第Ⅱ部の実験で検証しようとしている。

　また最近目覚ましく発展している神経生理学研究の中で，視覚情報の伝達に関する幾つかの基礎的な研究の成果を紹介する。それらの成果からみると，視覚情報の伝達・変換の過程のうちの視神経交差や大脳の視覚前野における変換は，180度逆転した網膜像を正立像に変換するための営みではなかろうかとする推論についても言及する。また眼の網膜における刺激伝達の経路等から網膜像が鏡映像であろうとここでは仮定する。その仮定からすれば鏡映像は対象を正しく映す像にいずれ変換しなければならないが，それは大脳の第三次のＡの視覚野においてなされているのではないだろうかという推論についても併せて触れる。

　第2章「奥行知覚のしくみ」では，奥行知覚がどのようにして成立するかというメカニズムに関して，現象的理解や視点整合に基づく理解を紹介する。また輻輳角内の奥行知覚や運動視差による奥行知覚等のしくみに関する見解も紹介する。そしてこれらに含まれる推論や仮説等を後述する第Ⅱ部の実験で可能な限り検証しようとしている。

　第3章「変換視野における奥行知覚に関する研究」では，従来からの諸研究において試みられてきた変換視野における立体視やシュードスコープ視獲得の幾つかの方法および変換視野眼鏡長期着用研究を簡単に紹介する。

第1章　非交差視野と交差視野からの視覚伝達

1）非交差視野と交差視野

　視野は注視点を凝視するときの可視範囲である。この可視範囲は3次元に広がる空間であるが，眼から任意の距離における前額垂直平行面上の範囲をいうことが多く，その範囲は視野計で測定することが可能である。視野内の対象からの光が眼の網膜に達して対象の網膜像を結ぶのであり，この可視範囲内にある対象について何らかの視知覚が可能であることを意味する。時に，眼底視野等と称する網膜上の可視範囲を視野ということもあるが，ここでは混乱を避けるため外的な可視範囲を視野ということにしよう。

　ところで注視点を凝視するとき，図Ⅰ-1に示される通り左右の眼の視野は注視点がそれぞれの視野の中心に位置するように重ねられ，その中心からの光は両眼の網膜の中心窩（黄斑）に投射されるようになっている。また，視野は中心を通る垂線で左右の領域に分割されて各領域から光が投射される網膜領域は左右に峻別されている。そしてこの網膜領域を分ける境界線は単なる便宜的なものではないと考えられる。

　一点を注視するとき，それを通る垂線で分割される視野領域の内の各眼と同側に位置する視野部分を非交差視野，眼とは左右反対側の視野部分を交差視野と名付けることにしよう。交差視野は眼とは

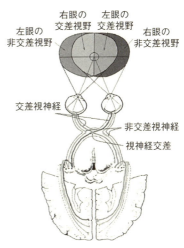

図Ⅰ-1　両眼の交差視野および非交差視野からの視覚伝達

注）伊藤正男（1987）p.37の図を改変。

左右反対側に位置する視野領域であり光が中心線を越えて眼に投射され，左右の眼の視野空間が互いに交差する形となるから交差視野というのが適当であろうし，非交差視野は眼と同側であり左右の視野空間が交差することがなく，非交差のままであるから非交差視野と名付けるのが適当と考えられる。一方の眼の非交差視野領域は他方の眼の交差視野領域とはかなりの部分重なっているが，この重なりは単に非交差視野からの投射を交差視野が補強するためのものではないと思われる。非交差視野と交差視野が重ねられていて非交差視野内に在る対象は交差視野内にも在るから，その対象像を両眼のそれぞれの網膜上の領域に映すことができる。このことは奥行知覚にとって重要な意味を持つものと考えられる。

　以上のことから対象の一点を注視すればその点が網膜の中心窩に位置するように，そして非交差視野および交差視野からの対象像がそれぞれ網膜の中心窩を通る垂線で接するように両眼が輻輳される。そして注視点が移動すれば，その点は絶えず両眼の網膜の中心窩にくるようにその都度輻輳される。輻輳 (convergence)・開散 (divergence) 等のバージエンス眼球運動 (vergence eye movement) が絶えず行われ，図Ⅰ-1のような視野の配置が常に維持されると考えられる。勿論，注視点の急速な移動には，サッケード (saccade) や追跡眼球運動等の随意性眼球運動をはじめ非随意性眼球運動等の連携が必要となることはいうまでもない。

　なお，本書では主に奥行知覚に関して述べることになるが，奥行知覚 (depth perception) 一般について述べる場合にはこの用語を使用するが，対象の奥行きに即した奥行の知覚を立体視 (stereoscopic vision) とし，対象の奥行きとは異なる奥行の知覚をシュードスコープ視 (pseudoscopic vision) と述べることにしよう。

2）非交差視野と交差視野からの視覚伝達
眼の網膜上の視野領域と大脳の視野マップの領域

　網膜上の視野領域からの視覚情報が大脳の第一次視覚野へ如何に伝達されるかに関してKandelら（1991）は網膜に投影される視野領域が第一次視覚野の皮質には逆転視野マップとして整然と伝達されることを示した。即ち彼らは図Ⅰ-2に示すように視野を垂直線と水平線で区分し，さらに中心の領域から周辺の領域へ半径に応じて3段階に区分し，それぞれの領域に1から12までの番号を付して，大脳の視野マップの対応領域をその番号で示した。図では大脳半球の後部から左右に開いた状態で第一次視覚野の視野マップが示されている。そして視野領域の右半分は左の大脳半球に，左半分は右の大脳半球に伝達されること，視野領域の上部は大脳視覚野の鳥距溝の下に，下部は大脳視覚野の鳥距溝の上に表現されること，視野領域中で最も強い視力で見ることができる中心領域は大脳の視覚野の最後部に位置し，視野の周辺部になるにつれて視覚野の前方に整然と配置されていること，また視野の中心領域は大脳の視覚野において不釣り合いな程度に広い領域を占めること等を明らかにした。視野の上部は視覚野では下部に，視野の下部は視覚野では上部に配置されており上下が逆転していることは，眼の水晶体によって視野領域が180度回転して網膜領域に投影された際の逆転がそのまま大脳の第一次視覚野に伝達され，再現されていることを示している。ただここでは視野から大脳の視覚野に至る視覚伝達が総て視神経交差を経由するものとされているから，もっぱら非交差視野の視覚伝

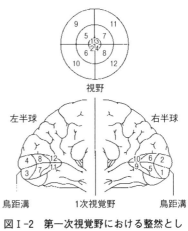

図Ⅰ-2　第一次視覚野における整然とした視野マップ

注）Kandel, E. R., Schwartz, J. H. and Jessell, T. M.（1991）p. 426の図29-7を改変。

達を示すものであって交差視野については記されていない。

　Posner, M. I. & Raichle, M. E.（1994）は Kandel らと同様に視野からの視覚伝達を示している。彼らは PET（陽電子断層撮影法）を用いて，刺激された網膜の細胞と視覚野でそれに応答する細胞は位置の正確な対応関係を保っているという網膜部位局在性（retinotopy）を確認した。そして網膜部位局在マップ（retinotopic maps, pp. 68-69）を図示した。その図には非交差視野からの視覚と共に交差視野からの視覚が大脳半球の一次視覚野へ伝達されることも示されている。

対象と大脳の第一次視覚野における対象像

　視野における対象が眼の網膜像を経て第一次視覚野の皮質にそのままの形で投影されることを直接示した研究がある。Tootel らの行った研究（1982）が Hubel（1988）や Kosslyn（1994）等によって紹介されたが，Tootel らはサルに図Ⅰ-3(a)に示されるような刺激を注視させていると大脳の第一次視覚野（V1）において刺激の形態が活発な代謝活動部位として再現されることを明らかにした。その後，彼らの用いたオートラジオグラフィ法以外の

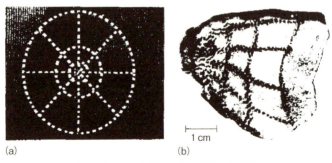

(a) 　　　　　　　　　(b)

図Ⅰ-3　刺激と第一次視覚野上の刺激像

注）Tootel らの行ったマカク猿についてのオートラジオグラフィ法による実験において，使用された刺激(a)および猿がこの刺激を見ていると，大脳半球において特に高い活動を示す部分（黒い縞模様）が V1 に現われたことを示す(b)。Anderson, J. R.（2010）p. 23 より。

PETやfMRI（機能的磁気共鳴画像法）その他様々な方法によって視覚野に写された対象像が，より即時的に再現されるようになってきた。

　これらの研究は視野における領域と大脳の視覚野マップの領域との明白な対応関係を示すものであったが，以下では非交差視野と交差視野から大脳視覚野に至る視覚伝達の過程について概観することにしよう。

眼の水晶体による視野の逆転

　視野内にある対象は眼の網膜に対象像を映すが，この像は対象とは上下左右が逆転している。この逆転については，かなり以前からよく知られていたようである。例えばDescartesは対象が眼の網膜に像を形成する様子を図示して「絵の各部分が逆になっていること，即ち対象の位置と正反対の位置にあること」（屈折光学 1637, 訳書 p.143）を指摘している。視野領域から眼に投射される光は水晶体を透過するが水晶体が凸レンズであるため，それによって網膜には180度回転した領域として投影される。従って視野内の対象は眼の網膜上に180度回転した網膜像として映されることになる。この現象も既に以前から観察され指摘されてきたところである（鳥居, 1986）。視野の中心線より左右反対側に在る交差視野からの光は鼻側から眼に投入され，この回転により網膜上の中心窩より耳側に投射される。また眼と同側の非交差視野からの光は中央乃至耳側から眼に投入されるが，網膜上には中心窩より鼻側に投射される。そして中心窩を通る線を境に交差視野領域と非交差視野領域は隣接する。また網膜に投射された対象像は視細胞によって感受されるが，光を感じる桿体細胞や錐体細胞等の視細胞は網膜の最も奥にあり，「奇妙ではあるが，受容器は光が入ってくる方向を向いてはいない」とGregory (1998, p.53) が指摘するように，視細胞は網膜の底を向いている。そしてそこから光線の投射する方向へ即ち網膜の表面方向に向けて興奮が神経伝達されるのである。このような伝達の方法から判断すると，網膜に映される視野像は鏡映像であり，それがそのまま大脳の視覚野へと伝達されて，大脳の視

覚野では鏡映視野マップが表出されると考えられる。

　ところで対象からの光を直に受けた時の像を仮に正面像または正面からの像とすると，それは対象をそのまま正しく映す像である。しかし対象からの光の投射を鏡等の面で反射させた時の像は鏡映像となる。この鏡映像は正面像とは左右逆になるから，それに基づいて行動すれば，対象の左右の動きとは逆方向に行動することになり，著しい混乱を引き起こすであろう。勿論人類にとって重要な図形の形状の把握や文字の使用は困難となる。したがって鏡映像は正面像に変換しなければならないが，その方法としては鏡映像を裏面から見る，即ち鏡映像に投射する光を裏面まで透過させて鏡映像を見るか，鏡映像をさらに別の面に反射させて「鏡映像の鏡映像」を見るようにすればよいと思われる。

　次に非交差視野および交差視野を映す網膜の視野像が大脳皮質の視野マップに至るまでの視覚伝達の過程を辿ってみることにしよう。

非交差視野からの視覚情報の伝達

　非交差視野から網膜に投射される非交差視野像が大脳視覚野に至るまでの伝達経路についてみると，眼の水晶体による180度の回転によって網膜の中心窩より鼻側に投影される非交差視野像は視神経交差によって眼とは反対側の大脳半球に伝達されることになる。この視神経交差による網膜視野像の左右交換は，眼のレンズによって逆転した視野全体を正立させるための回転操作の第一段階とみることができよう。即ち逆転した網膜上の全視野像を180度回転させるには第一段階として左右の視野像をそのまま交換し，第二段階としてそれぞれの視野像を180度回転させる必要がある[1]。この第一段階の操作を視神経交差は行っていると考えることができる。第二段階については後述することにする。

交差視野からの視覚情報の伝達

　交差視野から網膜に投射される交差視野像が大脳視覚野に至るまでの伝達経路についてみると，眼の水晶体による180度の回転によって網膜の中心窩より耳側に投影される交差視野像は非交差（不完全交差）神経によって非交差のまま眼と同側の大脳半球に伝達される。交差視野像がこのように非交差のまま伝達される理由は交差視野がそもそも視野の中心から眼とは反対側の視野であり視野空間自体が既に交差しているから，視野像全体を180度回転させるための第一段階はそれによって済まされており，それ以上交差する必要がないからであろう。交差視野像は反対側の眼の非交差視野像と同じ視野領域を映しているから，外側膝状体において反対側の眼から交差神経を経て到達する非交差視野像と対応させ符合させることができるし，更にその非交差視野像と同じ大脳半球の視覚野に投射されるから，両者によって立体視等を容易にしていると考えられる。例えば右眼についてみると，右眼の交差視野像は左眼の非交差視野像と重なっているから視野そのものがほぼ同じである。そして右眼の網膜に投射される交差視野像は非交差神経により交差せず非交差視野像からの情報と共に右の大脳半球の視覚野に伝達されるのである。

　要するに視野全体を180度回転して正立視野マップを形成する操作としての第一段階は網膜の交差視野像に関しては不要であり，後半の第二段階ともいうべき回転は後述するが，非交差視野像の場合と同様に大脳の視覚野においてそれが成されると考えられる。

1）この視覚伝達にみられる視野全体を逆転させるための二段階の操作を類推することができる簡単な比喩的方法を示すと次のようになる。古い絵葉書等の絵を用意し，先ず絵を上下逆さまに置き，中央で左右に半裁しておく。第一段階として半裁したそれぞれの絵をそのまま左右入れ替える。次に第二段階として入れ替えた絵をその位置でそれぞれ180度回転させる。最後に左右の絵を繋ぎ合わせると180度回転した元の絵が復元される。即ちこの操作によって上下逆さまであった絵が正立した絵となる。

非交差視野と交差視野の対応

　ここでは網膜視野像から大脳の視覚野へ至る視覚情報の伝達を中継する外側膝状体についてみることにしよう。Kaasら（1972）は視野，網膜，外側膝状体背側核における位置の対応関係を図Ⅰ-4の模式図で示している。それぞれの位置が番号で示されているのでそれらの対応位置を確認することができる。この図からおおよそ次の点が明らかとなるであろう。①視野の並びと左右の眼の網膜に投射される対応する位置の並びは逆順になっている。これは視野からの光が眼の水晶体透過により回転して網膜に投射されることによるものである。さらに詳しくみると②視野の注視点からの光は網膜の中心窩に投射され，非交差視野に対応する網膜上の位置は中心窩から鼻側に並び，その並び順は視野の並びとは逆方向となり，視野周辺部になるにつれて対応する網膜上の位置はより鼻側となる。また交差視野に対応する網膜上の位置は中心窩から耳側に並び，その並び順も視野の並びとは逆方向となり，周辺視野になるにつれて対応する網膜上の位置はより耳側となる。③外側膝状体の層1には反対の眼からの非交差視野対応領域が並ぶ。これは視神経交差を経由することによる。層2には同側の眼からの交差視野対応領域が並ぶ。層1と層2は両眼視野の重なる部分に対応している。④層1と層2はそれぞれ中心窩対応領域が中央部に位置して揃っており，周辺部に対応する領域は中央から離れた位置に並ぶ。この配列は網膜の配列と対応しており，層1と層2

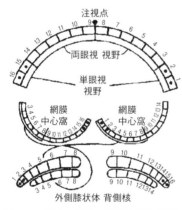

図Ⅰ-4　視野，網膜，外側膝状体背側核における位置の対応関係

注）外側膝状体は反対側の網膜の非交差視野からの投射と同側の網膜の交差視野からの投射を受け，両視野の位置の対応付けを行い，層を形成している。非交差視野より交差視野が狭いので非交差視野の黒丸の場所は外側膝状体においても交差視野には対応部分がない。Kaas et al. (1972) p.255の図より。

の視野領域番号は同一となっている。⑤中心窩に対応する領域近辺では周辺視野に対応する領域と比較して大きく示されているが，この点は Kandel らの指摘する大脳の第一次視覚野における状況と類似していると思われる。⑥黒丸を付した部分は非交差視野領域と交差視野領域の対応しない部分である。当然両眼視の視野部分には黒丸を付した部分はなく，単眼視の部分に付されている。網膜の非交差視野部分には記されているが交差視野部分には記されていない。また外側膝状体においても層1には黒丸を付した部分があるが，層2では欠けている。これらは非交差視野領域が元々交差視野領域より広いことによるものであり，当然である。

　なお，この図では外側膝状体における1層と2層のみ例示されているが，このような層が最大6層あることが明らかにされている。そして層1と層2の対応と同様に非交差視野領域と交差視野領域が互いに重ねられていて，各層の位置番号は上下が一貫して同一であり，視野領域の位置が対応付けられているのである。後述するように非交差視野と交差視野内の対象の像を重ねることは大脳視覚野における立体視のためにも欠かせない過程であると考えられる。即ち大脳の視覚野において対象像を重ね合わせて，両眼の視差のズレとしての両眼視差相当分を検出しなければならないが，そのためにもこの非交差視野領域と交差視野領域の重ね合わせ，視野領域の対応付けは重要な意味をもつものであろう。

　ところで外側膝状体から大脳の視覚野に至る伝達路について Homans（1940）の研究からも幾分窺うことができる。彼は視覚伝達路における損傷と視野の欠損に関して図Ⅰ-5を示しているが，これによると外側膝状体から大脳の視覚野に至る過程のEの損傷では右眼の非交差視野と左眼の交差視野の各上部が欠落して同名上四分盲となり，Fの損傷では右眼の非交差視野と左眼の交差視野の各下部が欠落して同名下四分盲となることを明らかにした。Eの部分はマイヤーの係蹄（Meyer's loop）といわれ，Fの部分は視放線といわれるが，そのEまたはFという個所の損傷が交差視野と非交差視野の同じ

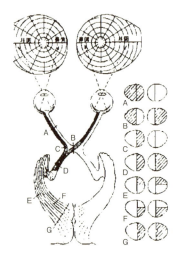

図Ⅰ-5 視覚伝達路における損傷位置と視野の欠損パターンとの対応

J. Homans (1940) p.539より。

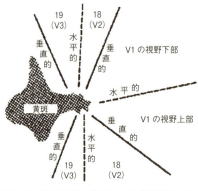

図Ⅰ-6 線状皮質（V1）および線状化される皮質（V2およびV3）との関係を示す概略的表現

Zeki, S. M., (1969) p.283の図8を一部加筆。

上部または下部の視野欠損を引き起こしているという事実は，視神経交差を経由しない交差視野の視覚情報と視神経交差を経由した非交差視野の視覚情報が外側膝状体で対応付けられた後も共に同一経路を経由して大脳の視覚野に伝達されていることを示すものであろう。

大脳の視覚野における視覚情報変換

第一次視覚野およびそれ以後の視覚野の視覚情報の変換に関しても次第に明らかになってきている。Zeki, S. M. (1969) はアカゲザルについて網膜上の位置に対応して大脳視覚野が規則正しい分布をすることを根拠にして視覚野を分類し，図Ⅰ-6のように線状皮質（V1）において表現される視覚像とそれに続く線状化される皮質（V2およびV3）の関係を概略的に示した。線状皮質は架空の水平的線で分けられており，それは網膜の上部と下部に対応し，視野上部はV1では下側に，視野下部はV1では上側にマップされる。線状皮質と線状化される皮質との間の垂直的経線の境界を進むと最初に18

野があり，そこでは垂直的経線から水平的経線への視野の連続的表出がみられる。再び水平的経線が表出されて18野と19野の境界をなしている。次の19野では水平的経線から垂直的経線への表出がみられる等の諸事実が見出された。そしてこれらの解剖学的研究成果に対して，やがて鏡映像による視点[2]が加えられ，次のような特筆すべき説明となった。

「第一次視覚野と第二次視覚野の間では，左右の視野を分ける縦の中心線で鏡映像となるように，視野は展開していた。さらに第二次視覚野と第三次視覚野の間では上下の視野を分ける横方向の水平線で鏡映像となるように，そして第三次視覚野と第三次のAの視覚野の間では，ふたたび左右の視野を分ける縦の中心線で鏡映像となるように，視野が展開していた」三上（1993, p.65）。この説明の前半に記されている第一次視覚野から第三次視覚野に至る二度の視野の展開は逆転視野像を正立視野マップに変換する過程の一環であり，先述の第一段階での左右の視野交換に続く第二段階に相当し，第一次視覚野の左右の視野マップをそれぞれ180度回転させて第三次視覚野に正立視野マップを表出する操作とみられる。即ち V1 から V2 へ，V2 から V3 へという二段階の操作は，最初に左右の視野マップ間の垂直線を軸に対称マップ（鏡映像）を表出し，次に水平線を軸に対称マップ（鏡映像）を表出しているのであり，これらの操作の結果，第三次視覚野に正立視野マップを得ていると解される[3]。

このように第一次視覚野 V1 における鏡映視野マップに二度の変換を加え，180度回転して第三次視覚野 V3 マップが表現される結果，図Ⅰ-7右上に示すように回転後の左右半球のマップでは網膜の中心窩部分が互いに接するよ

2）Zeki, S. M.（1977）の論文においては，彼の当該論文（1969）の概要をレビューとして述べているが，そこでは鏡映像による説明がなされている。
3）この操作も絵葉書等の絵を使う簡単な比喩的方法で類推することができよう。即ち，絵の左右の端のいずれかを軸（垂直軸）として絵を180°回転する。当然絵は裏返しになる。次に上下の端か任意の水平線のいずれかを軸（水平軸）として絵を裏返す（180度回転する）と最初の絵が再び現れる。それは元の絵を180度回転したものになる。

うな配置で視野全体の正立鏡映視野マップが表出されると考えられる。

またこの説明の後半に記されている第三次視覚野から第三次のAの視覚野に至る変換は，鏡映視野マップを正面からの視野マップに変換する操作と考えられる。即ち先述のように網膜における視野像は鏡映視野像と考えられ，それが大脳の視覚野にまで伝達されるから第三次視覚野では正立鏡映視野マップが表現されることになる。したがってこれを正面からの正立視野マップに変換する必要があり，第三次視覚野から第三次のAの視覚野までの間でそれがなされていると推測される。即ち第三次視覚野から第三次のAの視覚野に至る過程で第一次視覚野から第二次視覚野への変換と同じ変換を再び繰り返して，左右の鏡映視野像を分ける中心線で対称となるように視野を展開する操作がなされる。これによって鏡映像の鏡映像が得られ，その結果視野と同じ正面からの正立視野マップが表現されるのであろう。ただこの第三次のAの視覚野においては視野マップの中心窩領域が両半球の視野で互いに離れた形で表現されることになる。

三上はヒトやサルにおける視覚野マップと視野領域の位置との対応関係を図示してきた（三上，1991，1993，2009）が，その図においても以上の変換の一端が示されており，V1においては外側部に左右の視野を分ける縦線および中心領域が現れているが，V2およびV3においては視野の中心領域は外側部から消えている。そしてV3のAの視覚野においては再び大脳の外側部に左右の視野を分ける縦線および中心領域が現れているのである。

なお，眼の網膜から第三次視覚野に至る視覚伝達に関して，後述するようにフクロウやその他幾種類かの猛禽類の視神経伝達路においては第一段階として非交差視野が視神経交差を経て，交差視野は非交差のまま伝達し，第二段階では神経軸索を180度ねじる形で視野情報を回転して正立視野マップを獲得する方法を用いているが，これと比較すると，サルやヒトの第二段階における視野の回転方法はやや複雑なものになっていることが分かる。

視野から大脳の視覚野への視覚伝達

　以上の視覚情報の伝達路を総合的に考慮して，視野，網膜の視野像および大脳の第一次視覚野から第三次視覚野までの視野マップにおける領域間の関連を概観すると，模式的に図Ⅰ-7のように示すことができるであろう。図では領域の上下を解り易くするため視野の上半分は薄く，下半分は濃くハッチングされている。また両眼の非交差視野には英大文字のA，B，C，Dが，交差視野には英小文字a，b，c，dが付記されている。左眼の非交差視野は大文字のA，Bで，交差視野は小文字のc，dで示され，右眼の非交差視野はC，Dで，交差視野はa，bで示されている。眼の網膜に投射される視野像の4領域は眼球の後方からの領域即ち正面からの視野像領域を示してい

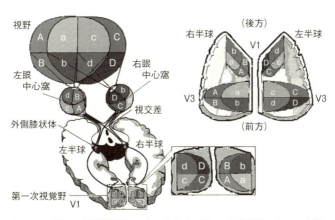

図Ⅰ-7　視野，網膜視野像，第一次および第三次視覚野における視野マップの領域配置（模式図）

注）網膜視野の各領域は眼球の後方からの配置であり，正面からの視野領域配置である。第一次視覚野の配置は，左右の大脳半球の接する部分を後方から左右に開いたときの領域配置である。
　右上の図は脳内部を前方から後方に向かってみたときの領域配置である。両半球を左右に開いた状態における第一次視覚野V1および第三次視覚野V3の正面からの視野マップ領域を示す。V3は鏡映視野マップと考えられるが，この正面からの領域配置は，視野の配置と全く同一になっている。この図はZeki, S. M.の研究成果を基に作成した。

るが，それは左右の各視野の中央を中心にして180度回転した配置となっている。

　非交差視野領域は視神経交差により反対側の大脳半球の第一次視覚野へ投射され，しかも視野とは上下反対の配置となる。また交差視野領域は眼と同側の大脳半球に投射され，これも視野とは上下反対の配置となる。大脳の視覚野に至る過程の外側膝状体において非交差視野領域と交差視野領域とは対応づけられて，左眼の非交差視野 A，B と右眼の交差視野 a，b は共に右半球の第一次視覚野に，右眼の非交差視野 C，D と左眼の交差視野 c，d は共に左半球の第一次視覚野にマップされる。そのとき Kandel らや Posner らの示すように網膜の中心窩部分が第一次視覚野の最後部に位置するようにマップされる。第一次視覚野から第三次視覚野までの視野領域の変換は Zeki 等の研究に基づき，第三次視覚野の視野領域が配置されると考えられる。V3 では鏡映像ではあるが，正面からの配置として見る限り視野の配置と全く同一の配置となっている。

大脳半球における視覚の左右反転に伴う諸行動に対する左右反転支配

　上記のような過程を経て正立視野マップが形成される結果，大脳の左半球には右眼の視野が，右半球には左眼の視野がマップされることになる。このような視野情報の左右反転は当然大脳半球がその視覚情報に基づいて手や足等の諸行動を操作するときにも左右反対の手足に指示をしなければならないことになる。

　このことを示す研究の一例として Sperry, R. W.（1968）の実施した大脳半球分離患者の認知行動に関する研究を挙げることができよう。この研究は大脳の両半球が互いに情報交流できない患者に対して両半球に別々の知覚課題を与えることによって，大脳半球の非対称的機能を明らかにした研究である。彼は図Ⅰ-8に示すように，患者に"key case"という単語の一部の"key"を左視野に，他の一部の"case"を右視野に瞬間提示すると中央線の両側の

文字が別々に知覚されて個別に反応することを示した。即ち左側視野の"key"は脳の右半球に，右側視野の"case"は左半球に投射されるが，左半球に投射された"case"を患者はその通り回答することができた。ところが右半球に投射された"key"は何も見えなかったという。これは大脳半球の機能の片側性のため左半球に言語機能の集中するこの患者では左半球に投射された"case"は言語回答することができたが，右半球に投射された"key"については全く答えられなか

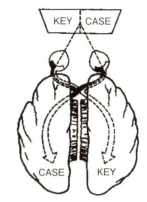

図Ⅰ-8 脳梁破断患者の神経伝達路
注）それぞれの眼で中央の凝視点の右に見える事物は左半球に投射され，その逆も同様である。Sperry, R. W.（1968）p.725より。

った。即ちこの患者の右半球にはそのような言語機能がなく，交連切断によって左半球の機能が右半球には及ばなかったために文字を発話することができなかった。しかし左手の触覚を使って該当する"key"を実物の集まりの中から選択し，特定することができた。

またこの実験と関連する別の実験において，左にドルの印を右に疑問符を瞬間提示し，被験者が左手を使って見たものを描くように求められると，左側に見た図形のドルの印を再生することができた。しかし被験者が描いたものは何かと尋ねられると疑問符であると答えたという。このような言語の誤答にもかかわらず，右半球の感覚野に左手からの感覚神経が連結しているので左手の感覚を右半球が受けることができ，また右半球の運動野から伸びて手の運動を司る神経が左手に連結しているために左手によってドルの印を描くことができたと解される。

このように交連切断患者の認知行動の研究によって視覚刺激が受容されるとき，一方では言語機能のある半球に視覚刺激が達するときには発話行動と

の連結がみられるとともに，他方では視覚刺激の達する半球とは反対側の手の筆記行動や選択行動にも連結していることが明らかにされた。

　手足等の随意運動を行なうため大脳の第一次運動野から軸索を伸ばして下行する神経細胞の代表的な錐体路は，延髄で錐体路交差と言われる交差をすることはよく知られている。視覚伝達路が視神経交差を導入したことによって行動を指示するための神経伝達路も交差を必要とするようになったし，また手足等の触覚などの感覚情報が抹消から大脳へ刺激伝達も同様に左右反対の大脳半球に刺激伝達がなされるようになったのであろう。つまり眼からの視覚情報伝達という求心性の神経伝達路における視神経交差によって大脳半球の機能を左右逆転させたことに応じて，手足等からの触覚などの求心性の神経伝達路も延髄において交差させて左右反対側の第一次体性感覚野へと結ばれる結果となり，大脳半球の運動野からの遠心性の神経伝達路も同様に交差をさせて左右反対側の行動を制御するようになったのであろう。極言すれば根源は総て視覚が正立視を獲得したことにあると言っても過言ではないであろう。

3）動物の非交差視野と交差視野
脊椎動物の視神経交差および立体視

　先ず脊椎動物の視神経交差と立体視に関する Romer らの見解を紹介しよう。視野および視覚伝達経路に関する脊椎動物の進化について，Romer らは「殆どの脊椎動物では，殆ど全部の右の視神経は交差して左側の大脳に，反対の左の視神経についても同様である。」(Romer & Parsons 1978, p.351) と指摘する。視神経交差が殆どの脊椎動物においてみられるものであり，視神経交差という変換は人類等に限られるものではないことを指摘する。また脊椎動物の視野の重なりと立体視の関係について，Romer らは「高等動物―猛禽類や多くの哺乳類―の眼は前向きになり，左右の視野は多少とも重なり合い，脳に伝達される2組の印象は大体同じになる。この最も顕著な例がメ

ガネザルからヒトにいたるまでの霊長類の場合であって，左右の視野は実際上ほぼ同一である。このような場合，心理像を左右重複して二つもつくるのは不必要のように思われる。にもかかわらず，今まで見いだされている限り，重なり合った視野をもつ哺乳類以外の動物でこれが行われているのである。ところが哺乳類では一つの新しい発展つまり立体視が出現している。すなわち視野は合一し，両眼で同時に受けた対象物の感覚が重ね合わされるのである。その結果，ヒトなどの場合では両眼の視点の僅かな差によって対象物の深度や三次元的な形を把握することができる―これはほかの方法では得ることのできない効果である。」(Romer & Parsons, *op.cit.*) と述べているのである。この特別な効果によって，探食や捕食および敵からの逃避，回避がきわめて有利になったと考えられる。

交差視野領域の発達と立体視

また，交差視野の拡大と視覚伝達路に関して，Romer らは，「立体視の発達に関する重要な解剖学的現象は，視神経交差における不完全交差[4]である。多くの哺乳類――しかも哺乳類だけ――において，両眼の視野が重なり合う部分に対応して，左右の網膜に同じ対象物が写ったところから出る繊維は同側の脳へ行くということが知られている。従ってある繊維群は交差しないで，視神経交差において直角に曲がり，反対側の眼からきた繊維と一緒になる。例えばヒトの場合，視野の重なりはほとんど完全だから，両方の網膜の左半分からくる繊維は事実上すべて左側の脳に入り，また網膜の右半分からの繊維はすべて右の脳に入る。その結果，各大脳半球の視覚領域は全視野の半像を"二重露出"としてつくりあげるのであるが，大脳半球の間にはさらに複雑な相互連絡があって，左右の半像が互いに融合して一つの立体像として認識されるのである。」(Romer & Parsons, *op.cit.*, pp. 351-352) と指摘している。

---

4) 一般には視神経の不完全交差等と称されるが，ここでは交差しない神経を非交差視神経としている。

そして彼らの指摘後も非交差視神経の機能と立体視との関係はしばしば論じられてきたようである。

　種々の脊椎動物における交差視神経と非交差視神経の割合については既に明らかにされているところであるが，ウサギ，ラット，ネコ，イヌ，サル，ヒトの順に非交差視神経繊維の割合が次第に大きくなる（水野，1996, p.46）といわれている。これを交差視神経繊維の割合でみると，「はと」等の鳥類では100％であるのに対して，「ねずみ」については90％，「人」に関しては55％が交差し，残りは非交差繊維である（Pettigrew 1986）といわれる。この交差視神経繊維の割合は，眼球が側頭側についている鳥類では100％と前述のとおりであるが，眼球が前方に向かい，両眼視野の共有部分が広くなるにつれて非交差神経繊維の占める割合が増えるというのである。しかしこの考えに対して，両生類や爬虫類に関するNorthcuttらの研究によると，非交差視神経線維の存在と両眼視視野の範囲との間に特に一定の関係は見つかっていないという指摘（水野，*op.cit.*）もある。

フクロウ等の視覚伝達と正立視

　鳥類の視覚伝達に関して，Pettigrewはフクロウやその他幾種類かの猛禽類においては，眼の網膜からの視覚情報全体を丸ごと交差させるが，大脳半球に向かう途中で一部の情報を再度交差させる。即ち一度の交差を経た交差神経と二度の交差を経た交差神経を大脳皮質において重複させていると指摘した（Pettigrew 1986）。この二種類の視神経交差パターンは図Ｉ-9によれば，右眼の網膜の中心窩 f_R より鼻側の部分から大脳に達する神経伝達路は１度の交差をしている。即ち非交差視野からの伝達路は視神経交差により右眼の網膜像をそのまま左に移動し，大脳の左半球の視覚野に至る直前で神経軸索をねじる形で180度回転させるという方法をとっている。このことは右眼の網膜の非交差視野領域における中心窩 f_R の位置と大脳の左半球における f の位置をみれば左右が逆になっていることからも判るであろう。これは人の

非交差視野からの像の視覚伝達路に相当するとみられる。これに対して左の眼の網膜の中心窩 f_L より耳側の部分からの神経伝達路は人の交差視野からの視覚伝達路に相当するが，2度の交差をしている。即ち左の眼の網膜から右へ，さらに左へと伝達されているが2度とも網膜像をそのままにして移動させている。結局移動させない元の状態に戻したことになる。この結果，左眼の網膜の中心窩 f_L の位置より耳側にあった交差視野領域が，大脳半球においては f より鼻側に位置し，中心窩の位置は非交差視野領域と同様に神経軸索をねじる形で180度回転させ耳側の端に位置するようになっている。このようにして大脳半球において非交差視野領域と交差視野領域が f の位置を揃えて重ねられている。

図Ⅰ-9 フクロウやその他幾種類かの猛禽類における二重の視神経交差パターン

注) f は両眼の中心窩で側頭部に在る。b は両眼における張り出し部の末端での櫛状突起即ち視神経の頭部に当たり，盲点にほぼ相当する。Pettigrew, J. D. (1986) p. 218図15-2の文字を拡大した。

　以上のようにフクロウ等の場合は眼球の水晶体によって逆転した網膜領域を非交差視野では第一段階として視神経交差によって左右を交換し，さらに第二段階で視神経軸索をねじることによって正立視野像を獲得し，交差視野では第一段階は視野の交差を二度行い，結果として視神経の交差をしない状態に戻し，第二段階では視神経軸索をねじることによって正立視野像を獲得している。そして非交差視野と交差視野の両視野部分を中心窩部分で揃え，重ね合わせて像の融像による立体視を獲得していると考えられる。因みに筆者の製作した逆転視野眼鏡の仕組みは後述するように視野全体を正立視から逆転視に変換するものであってフクロウ等の視覚変換とは逆方向であるが，

その変換方法は極めて類似したものであるといえよう。即ち視野全体を逆転するため，第一段階として視野を映すビデオカメラを左右交換し，第二段階として左右のビデオカメラをそれぞれ上下逆さまにして（カメラを逆さまにすることによって接続コードをねじることになる）液晶画面に接続するというものであった。

第2章 奥行知覚のしくみ

1) 両眼の輻輳角，視差および両眼視差

　最初に，ここで用いる幾つかの用語について述べておくことにしよう。先ず，対象の奥行知覚に重要な要因とされる両眼視差を各対象についての両眼の輻輳角の2対象間の差とする。この輻輳角の差は2対象への視方向のなす角度（視角）の両眼間の差と表されるが，対象を両眼の位置から見るときの視方向の差を視差とする場合の2対象の視差の両眼間の差は一般に視角の差に帰着して，この両眼視差が得られるから，ここでは視角を視差とすることにしよう。なお，これら両眼視差と視差は角度で表わされるが，ズレ（距離）として表わす必要のある時には，両眼視差相当や両眼視差分，視差相当や視差分等と記すことにする。

　ところで，角度と網膜上のズレ（距離）とは尺度が異なるのであるが，両者を統一的に表現しなければならないときには，円の半径を単位とした円弧の長さで中心角を現わす弧度法を用いて表現することにすればよいであろう。即ち眼の水晶体の中心から網膜に至る視軸を半径とする円弧として網膜上の距離を近似するとき，両眼視差としての中心角（rad）に視軸（半径）を乗じて網膜上の円弧の長さ（ズレ）が表現されるから，両眼視差と両眼視差相当分は統一的にみることができるであろう。

　さて対象間の奥行きは知覚される対象の大小，濃淡，陰影等の様々な特性によって推測することができるし，両眼の輻輳角の違いによっても対象の遠近をある程度測ることができるであろう。また後述するように両眼視差によるズレを解消する働きに伴って対象間の奥行きが知覚されるであろう。日常ではこれらの種々の機能を相互に補完しながら用いていると考えられる。

　以下においては，これらの諸機能に関わる概念の内，主として両眼の輻輳

角や両眼視差等について概観するとともに，複数の対象間相互の奥行や対象の立体視が如何なる仕組みによってなされるかという奥行知覚のメカニズムを検討することにしよう．

フィート・ミューラー円

1点を注視するとき，左右それぞれの眼の網膜上に一致点として投影され単一視される．眼の網膜に一致点として投影され単一視される点は他にもあり，それらの外界の点の集合は一般にホロプター（horopter）と称されてきた．1点を注視した状態を保ちながら視点を他に移した場合，単一視される諸点の外界における集合ということになろう．そのような点の集合を経験的に求めることはできるが，幾何学的に描くこともできる．幾何学的に定義される点の平面上の集合は図Ⅰ-10に示すような円となり，フィート・ミューラー円（Vieth-Müller circle）と称されてきた．これは円周上の2点から円周

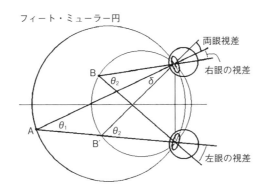

図Ⅰ-10　2つのフィート・ミューラー円と両眼の輻輳角および両眼視差

注）奥行の異なる2点を通るのフィート・ミューラー円と両眼の輻輳角θ，視差および両眼視差δ等を示している．点A，Bの両眼視差をみるため，点Bをフィート・ミューラー円上のB'に位置を移しても両眼の輻輳角は変わらない．そしてB'に位置を移したとき左眼の視差は0となるから右眼の視差δが両眼視差となる．

上に任意の点をとった時の円周角に関して、「同一共役弧上に任意の円周上の点を設定するとき、その点の円周角はいずれも頂点の円周角に等しい」という幾何学の定理に基づくものであろう。したがってフィート・ミューラー円上において、両眼の位置を円周上の2点とすると、円周上の任意の点の円周角が両眼の輻輳角に相当し、これが常に一定であるから円上に在る対象は理論的には奥行の知覚が一定になる。このことから例えば図のように点Aを注視するとき、両眼の視線の成す角即ち輻輳角 θ_1 が一定となる点の集合は円になるということになる。また奥行の異なる点Aおよび点Bの2点が一つのフィート・ミューラー円上に位置することはなく、異なるフィート・ミューラー円上にそれぞれ位置するし、2点の輻輳角も異なる。そして図に示すような両眼視差 (δ) が生じることになる。

しかし、このような理論的なフィート・ミューラー円と経験的に確かめられる軌跡とは必ずしも一致せず、両眼の正面では経験的なものは理論的なものより平板な曲線になっており、しかも両眼視差がゼロとならない場合においても、ある一定の視差の範囲内では単一視が得られること、その範囲はある程度の幅をもって広がっていることが確かめられてきた。そしてこの範囲はパヌームの融合領域（Panum's fusional area）と称せられてきた。両眼を結ぶ線に平行する前方の水平線（前額平行水平線）上の点もある視差の範囲内ではこの融合領域に入り、単一視がほぼ得られると見做される。

両眼の輻輳角，視差および両眼視差の関係

ここでは、前述のように前額平行水平線上の2点が一定の視差の範囲内においてはパヌーム融合領域内に入るという前提で、その線上の2点の輻輳角と視差の関係をみることにする。図Ⅰ-11のように、その水平線上に任意の2点として点 B_1 および点 B_2 をとる場合、両眼輻輳角はほぼ同じ（$\theta_2 \fallingdotseq \theta_2'$）と見做すことができよう。このとき B_1 と B_2 は、奥行が同一であると知覚される。

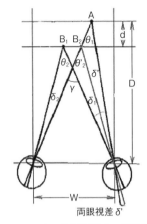

図 I-11 2点の両眼輻輳角，視差[5]および両眼視差

注）両眼を結ぶ線から距離（D−d）の位置にある点 B_1 と距離（D）にある点Aの両眼の輻輳角，視差および両眼視差の関係を示す。$\theta_2 \fallingdotseq \theta_2'$ とすると，点 B_1 の輻輳角 θ_2 と点Aの輻輳角 θ_1 の差が両眼視差 δ' となり，その δ' は右眼の視差 δ_1 から左眼の視差 δ_2 を引いた値であることが図からも明らかである。

次に奥行きに差のある点Aおよび点 B_1 について，両眼の輻輳角と両眼視差との一般的な関係をみることにする。図の遠距離にある点Aにおける両眼の輻輳角を θ_1 とし，近距離の点 B_1 における両眼の輻輳角を θ_2 とし，両眼の輻輳角の差を δ とすれば，

$$\delta = \theta_2 - \theta_1 \qquad \delta \geq 0$$

と表わすことができる。この δ は，近い対象の輻輳角から遠い対象輻輳角を引く限り，負の値になることはない。

いま，右眼の視差を δ_1，左眼の視差を δ_2 とし，左眼の点Aおよび右眼の点 B_1 に対する視線の交わる角を γ とすると，

$$\gamma - \theta_1 = \delta_1$$
$$\gamma - \theta_2 = \delta_2$$

となる。これらの関係から，

$$\delta = \theta_2 - \theta_1 = \delta_1 - \delta_2$$

が導かれる。したがって一般に輻輳角の差は両眼の視差の差即ち両眼視差と等しくなるのである。なお，もし点 B_1 を点Aと同じ線上に移動すれば，θ_1 と

5）点Aと点 B_1 が図 I-11のように配置されている場合，点Aを基準とするときには点 B_1 が眼に接近している。右眼では点A像と点 B_1 像の間隔（視差相当）が左眼の間隔より両眼視差分だけ左にズレ広くなっている。このとき右眼の点 B_1 に対する視線が左眼の点Aに対する視線と交差するのでこの視差は一般に交差視差といわれる。逆に点 B_1 を基準にするときには，点Aは眼から遠くになる。この場合も右眼では点A像と点 B_1 像の間隔（視差相当）が左眼の間隔より両眼視差分だけ右にズレ広くなっている。しかしこのとき右眼の点Aに対する視線は左眼の点 B_1 に対する視線と交差することがないのでこの視差は一般に非交差視差といわれる。しかしここでは交差視野および非交差視野という用語を用いているので，混乱を避けるために交差視差や非交差視差という用語を用いないことにする。

θ_2 はほぼ等しくなるから，この関係から δ_1 と δ_2 もほぼ等しくなる。このときは両眼の輻輳角の差および両眼視差が共に0となり，当然奥行の差も知覚されないことになる。

この関係は任意の奥行きをもつ2対象に関して成り立つから，両眼の輻輳角の変化の代わりに両眼視差を用いて奥行の知覚が可能となる。両眼視差を用いる方が網膜上の両眼視差相当（ズレ）として表され，それが大脳の視覚野において検知が可能である等の理由から，両眼視差に基づいて奥行が知覚されるようになったのではないかと思われる。

次に，図に示されている特異な位置に在る点 B_2 および点Aの2点について考えてみることにしよう。眼から遠距離にある点Aにおける両眼の輻輳角を θ_1 とし，点Aからdの距離だけ近距離に在る点 B_2 における両眼の輻輳角を θ_2'，両眼視差を δ' とすると，先の式から

$$\delta' = \delta_1 - \delta_2 = \theta_2' - \theta_1$$

と表される。左眼の視差 δ_2 が0であるから $\delta_1 = \delta'$ となり，右眼の視差 δ_1 がそのまま両眼視差 δ' となる。このような場合は，1対1の対応の無いステレオグラム刺激を見る場合に相当し，2対象像が片方の眼において重なっているのであるが，点 B_2 および点A間に奥行きが知覚される。そしてこのことは既によく知られているのである。

なお，また上記のような両眼の輻輳角と両眼視差の関係がそのままでは当てはまらない特異な場合がある。例えば，点Aの輻輳角内に点 B_1 が位置する場合では，点Aと点 B_1 の重なる2つの像が生起し，それらの像の両眼視差は点 B_1 が同一前額平行水平線上に在っても位置が異なれば一定とはならず，その点 B_1 の位置に応じて変化する。その結果，これらの像の奥行知覚も変化するのである。このときの両眼視差の変化および奥行知覚に関しては，後述することにする。

2）奥行知覚についての現象的理解

ここではこれまで述べた関係から，左右の眼の視差と奥行知覚との関係について検討し，現象的理解を導き出すことにしよう。

図Ⅰ-12は，ブリュースター（Brewster, D.）式ステレオスコープ（以下，特に断らない限りステレオスコープというときはブリュースター式ステレオスコープを指すことにする）で用いられるステレオグラムの円形刺激と菱形刺激を示している。この刺激は，左眼用と右眼用の刺激が全く同一配置の状態から右眼用の菱形刺激を左方向に少し移動して刺激間隔を拡大した場合の刺激配置となっている。左右それぞれの円形刺激と菱形刺激の間隔は左右の視差を反映する視差相当分になり，左右で視差の等しい状態から右眼の視差を拡大したことを現わしたものとなっている。両眼で等視差のときには円形刺激と菱形刺激の奥行きは知覚されず，右眼の視差を拡大した時には奥行きが知覚される。実際には菱形刺激が浮き出た状態，眼に接近した状態に知覚される。

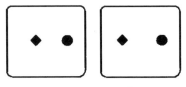

図Ⅰ-12　ステレオグラム

注）左眼用の刺激と同一の刺激が右眼用にも配置されていた状態から，右眼用の菱形刺激を左方向に少し移動した刺激配置である。

この変化をもう少し詳しく見ると，等視差で等奥行知覚が得られている状態から，視差の大きくなった方の右眼において鼻側に位置する菱形刺激は眼に接近し，浮き出るように見えることになる。またこの刺激の移動とは逆方向に，両眼の視差の等しい状態から右眼の菱形刺激を右に移動させると右眼の視差は縮小して左眼の視差は相対的に大きくなる。この視差の大きい左眼にとって菱形刺激は耳側に位置することになる。このとき菱形刺激は眼から遠隔化し，沈み込むように見える。この傾向は菱形刺激に限らず，円形刺戟についても同様にみられる。

またこの傾向は実際の刺激対象に関してみても同様の傾向となる。即ち遠近の変化する二つの対象の視差と奥行知覚の関係をみると，対象が等奥行に

在る場合には両眼の視差が等しくなり，当然2対象は等奥行きに見える。その状態から一方の対象を眼から遠くに移動させると，両眼の視差は変化する。このとき遠くに移動した対象は視差が拡大した方の眼の耳側に位置する。また，対象が等奥行きの状態から一方の対象を眼に接近させると，やはり両眼の視差は変化して視差の拡大した眼にとって移動した対象は鼻側に位置することがわかる。

　これらの結果をまとめると，二つの対象（または刺激）において両眼の視差に大小が生じるとき奥行知覚が生起するが，大きい視差をもつ眼にとって二つの対象（刺激）のうち鼻側に位置する対象（刺激）は相対的に眼に接近するもの，浮き出るものと知覚され，耳側に位置する対象（刺激）は相対的に眼から遠隔にあるもの，沈み込んでいるものと知覚される。この理解は一体一の対応のない刺激における場合も理解可能となるが，この理解を現象的理解とすることにしよう。

　なお，以上の理解においては，視差の大きくなった方の眼，即ち視差の拡大した眼に関する傾向をみてきたのであるが，視差の小さい眼に着目しても類似の関係をみることが可能である。このときは対象（または刺激）の位置と奥行知覚の関係は逆になる。しかしながら結局は視差の大きい眼に着目する方が適しているであろう。その理由は，視差の小さい方の眼の視差に着目すると，その視差が0となった場合でも，視差の大きい方の眼の視差には両眼視差が残るから0とならないことおよび両眼視差を含む大きい視差の方が後述する視点整合に基づく理解と関連させて理解することが容易であると思われるからである。

　また，このような現象的理解は当然三つまたはそれ以上の対象（刺激）にも当てはまる。例えば3対象（刺激）の奥行知覚をみるときには，2対象（刺激）の組み合わせ別にそれぞれの間で奥行知覚を考え，最後にそれらを総合して3対象（刺激）の奥行知覚をみることになる。

　以下に例示するような●印，■印と◆印の付いた3本の線からなるステレ

図Ⅰ-13 ステレオスコープで見ると，3本の線の内，どれが浮き出ているか，またどれが沈み込んでいるか？

注）左右の同一刺激対の間隔（視差相当）から，●印の線が最も浮き出ており，◆印の線が最も沈み込んでいて，■印の線は中間ということが分かる。

オグラム刺激をステレオスコープで見るときいずれの線が最も浮き出して見えるか，いずれの線が最も沈み込んで見えるかを現象的理解によって予想して，後にステレオスコープを用いてその予想を確かめることができる。

先ず図Ⅰ-13に示される●印と■印の付いた2本の線についてみると，右眼用の刺激間隔が左眼用より広い。これは右眼の視差が大きいことを反映している。そこでこの間隔の広い右眼用の刺激対をみると，右眼にとって●印の線は鼻側に，■印の線は耳側に位置している。現象的理解からすれば●印の線は■印の線より接近し，浮き出ていると知覚されることになる。次に●印と◆印の2本の線については，左眼用の刺激間隔が右眼用より広い。この間隔の広い左眼にとって●印の線は鼻側に，◆印の線は耳側に位置している。したがって●印の線は接近し，浮き出ていると知覚され◆印は遠くに沈み込んでいることになる。最後に両端にある■印と◆印の線については，間隔が左右の刺激で類似してはいるもののやや左眼用の刺激間隔が広い。この間隔の広い左眼用刺激をみると，左眼にとって■印の線は鼻側に，◆印の線は耳側に位置している。したがって■印の線は相対的にやや浮き出ていると知覚されることになる。これらのことから，最も浮き出ている線は●印の線で，最も沈み込んでいる刺激は◆印の線ということになる。■印の線は●印と◆印の中間に在ると知覚される。また■印の線は枠の位置に対して左右で全く同じ位置に在るから枠に対して同列で，等奥行きということになる。

実際にステレオスコープを用いて奥行知覚を確かめると現象的理解通りとなることがすぐに分かる。また，現象的理解では刺激の一対比較が行われるので，やや回りくどい感はするが眼は瞬時にしてこのような奥行き関係を感

知することができる。

3）奥行知覚の視点整合に基づく理解

　これまで述べてきたように奥行知覚に関して現象的理解が成り立つと考えられるのであるが，そこでは視差のズレの大きさと奥行知覚の程度との関係については考慮されなかった。ここでは視差のズレとしての両眼視差と奥行知覚の量的関係を導くための基礎的理解として，奥行知覚のメカニズムに関する視点整合に基づく理解について検討することにしよう。

　一般に視覚においては単一視されて鮮明な対象像を得ようとするのであるが，そのためには両眼から対象に向かう視線の集まる視点を整合させなければならない。奥行知覚においてもこの点は同じであろう。奥行きの異なる二つの対象に関して一つの対象を注視し，それを基準とするとその対象像は単一視されるが他の対象の像をみるとその像は単一視とはならず複視の状態となる。従来からこのような複視は自覚されない生理的複視と称され，この複視を解消するための調節によって接近感が得られるとされてきた。

　奥行きの異なる対象に対する両眼の視差は互いに異なるので基準となる対象像を揃えて左右の視差を重ね合わせようとすると，視差の大きい方の眼の視差相当分の内で両者が重なる部分と重ならない部分が生じる。その重ならない半端な部分，視差のはみ出した部分が両眼視差に相当する部分である。基準となる対象像外の対象像は両眼視差相当分だけ左右の眼の視点が乖離して複視の状態になる。眼はその両眼視差相当分が解消されるような視点即ち単一視の可能な位置を求めるのであるが，その位置は基準となる対象の奥行にはなく，眼に対して接近または遠隔化した処にある。眼はその点を追求することになるが，この視点を整合するための追求に伴って奥行知覚が生起すると考えられる。即ちこの視点の整合には視方向の移動や眼の水晶体の焦点距離の調節等が同時に行われなければならない。焦点距離を調節ために水晶体を厚くしたり薄くしたりする調節が無意識のうちに行われ，その感覚が奥

行感覚と結びついて奥行知覚を生じるのであろう。

　この視点整合による奥行知覚を理解するため，先ず両眼視差と奥行の関係をステレオスコープとスライド型ステレオグラムを使用して詳しく検討することにしよう。なおこのステレオスコープにはプリズムが使用されているので刺激までの距離は短縮されて像は拡大されるが，ここではプリズムが使用されていない状態で考察する。またここで使用するスライド式ステレオグラムは，ステレオスコープに設置したまま各刺激を左右に移動可能となるようにした簡単なステレオグラムである。その構成については，巻末の付録１のスライド型ステレオグラムの作成法を参照されたい。

片方の刺激の移動と視点整合

　先に示した図Ⅰ-12のＡ（円形刺激）およびＢ（菱形刺激）からなるステレオグラム刺激についてみることにする。最初に，ステレオグラム刺激の左右の刺激およびその配置が全く同一である状態におけるステレオグラム刺激の位置に関してみると，図Ⅰ-14のＰ線上のR_1L_1に円形刺激が，R_0L_2に菱形刺激が置かれるときにはV_1線上に円形像（Ａ）と菱形像（b_0の位置にＢ）を結ぶであろう。Ａ像およびＢ像の両眼の視差は同一とみられ，V_1線上の両眼の視差相当部分（Ａからb_0までの部分）は完全に重なり，全体が左右の眼の共有部分となっていて両眼視差はない。この場合円形刺激と菱形刺激の奥行きは知覚されず，両像の視点は整合してV_1線上にそれぞれ単一視される。

　この状態からステレオグラム刺激の内，右眼用の菱形刺激を変化刺激として左方向（右眼にとって鼻側方向）に移動させた図Ⅰ-12のようなステレオグラム刺激配置について考えることにする。図Ⅰ-14におけるＰ線上にこの刺激を置く場合，円形刺激は左右の刺激配置が変化しないから，左右の眼の視線がV_1線上のＡ像に交わり，単一視されて鮮明な円形像が得られる。この場合円形刺激が基準になる。一方菱形刺激についてみるとL_2の位置は変わらないがR_0はR_2の位置に移動する。右眼のＢ像はb_1に位置し，左眼のＢ像

は b_0 に位置するから，左右の眼にとってB像は複視の状態，つまり視点がズレている状態となる。このズレ（b_0 から b_1 の部分）は両眼視差部分に相当し，Aと b_0 間の間隔は重なる部分であり左右の眼の共有部分に相当する。そこで眼は b_0 から b_1 に近づけて視点が一致してズレの部分が解消されて単一視される像を得ようとするが，そのような位置は V_1 線上にはなく，基準となるA像より眼に接近した V_2 線上にその位置を求めることができる。しかしその位置にB像を映すには，眼の水晶体の屈折率を調節しなければならないし，刺激の移動に伴って右眼のB像に対する視方向を鼻側にズラせる必要もある。このようにして d だけ浮き

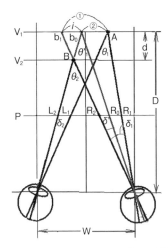

図Ⅰ-14 浮き出るステレオグラム刺激像

注）①は右眼の視差部分を，②は左眼の視差部分を，i は両眼視差に相当する部分を示す。右眼の菱形刺激の位置が鼻側方向に移動する場合の両眼視差部分（b_0 と b_1 間の距離 i）と対象像間の奥行(d)との関係を示す。

出た位置に両眼の視線が交わり視点の整合したB像を得ることになると考えることができる。このとき左眼のBに対する視方向は変化しないので左眼の視線上を像が移動し，左眼に接近する方向をとる。両眼視差の生じた右眼にとって鼻側方向への視方向の変化を伴って菱形刺激像が浮き出るという奥行知覚が生じるのである。この現象を簡略的に示すと先に述べた現象的理解となる。

　また，これらの現象を視差（$δ_1$ または $δ_2$）および両眼視差 $δ'$ を用いて述べると，左眼の視差 $δ_2$ は変化せず一定であるが，右眼の視差は $δ_2$（左右の眼の視差は同じ）から $δ_1$ に変化して両眼視差 $δ'$ が生じる。このように鼻側の方向への移動により両眼視差が発生し，それを解消するため視方向の移動と眼の

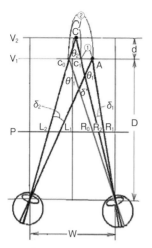

図Ⅰ-15　沈み込むステレオグラム刺激像

注) ①は右眼の視差部分を，②は左眼の視差部分を，j は両眼視差に相当部分を示す。右眼の菱形刺激が耳側方向に移動する場合の両眼視差部分（c_0 と c_1 間の距離 j）と刺激像間の奥行 d との関係を示す。

水晶体の調節により距離 d に応じて接近する奥行知覚が生じると考えられる。

次に，右眼用の菱形刺激のみ右方向（右眼にとって耳側方向）に移動させる場合を検討しよう。ここでも最初に左右のステレオグラム刺激の配置が全く同一の状態から，右眼用の菱形刺激のみを右に移動させる（この移動は P 線上の R_1 に至るまでの範囲内である）。即ち図Ⅰ-15に示すように，菱形刺激 C を P 線上の R_0 から R_2 に耳側方向に移動すると，右眼では V_1 線上の c_0 から c_1 に視点が移動する。ここでも円形刺激は位置が変化せず A 像として像を結ぶから，それが基準となる。V_1 線上の C_0 と C_1 の間の視線移動によるズレ即ち両眼視差部分を解消して網膜上に視点の整合した像が結像可能な位置を見出そうとして眼の水晶体の屈折率を調節する結果，刺激の移動に伴って右眼の視方向を耳側にズラせ，基準となる対象より d だけ沈み込んだ V_2 線上に視点の整合した C の位置に C 像を見出すことになるのである。このとき左眼の C 像に対する視方向は変化しないので，左眼の視線の延長線上を像が移動するようにみえ，左眼から遠ざかる方向となる。結局，右眼にとって耳側方向への視方向の変化に伴って両眼視差が生じ菱形刺激像が沈み込む奥行知覚が生じたのである。この結果，右眼の像の移動に伴って左眼の視差が相対的に拡大することになるので，視差の大きい左眼に関して耳側の像が沈み込むという先述の現象的理解となる。

これを視差（$δ_1$ または $δ_2$）および両眼視差 $δ'$ を用いて述べると，左眼の視

差 δ_2 は変化せず一定であるが，右眼の視差は δ_2 から δ_1 に変化し，両眼視差 δ' が生じる。このように耳側の方向への刺激の移動により視方向も耳側に変化して両眼視差が発生する。それを解消するため視方向の移動と眼の水晶体の調節により距離 d の沈み込みまたは眼から遠隔化した奥行知覚が生じると考えられる。

　以上は右眼の刺激について，円形刺激Aが基準刺激となりBまたはCが変化刺激となって移動した場合を例示したが，菱形刺激（BまたはC）が基準となり，円形刺激Aが移動する場合についても同様に考えることができる。即ち，この場合はAの左右方向への刺激の移動となるが，そのときの奥行知覚はBまたはCの移動の場合と全く同様である。また，左眼の刺激が移動する場合もやはり同様の結果となる。

　以上の例では，いずれか一方の眼の変化刺激が移動した場合について考察したが，次に両眼の該当する1刺激が共にそれぞれの眼の鼻側方向または耳側の方向に移動して，両眼視差が生じる場合について考えてみることにする。

両方の刺激の移動と視点整合

　前述の場合と同様にステレオグラム刺激とその配置が左右で全く同一の状態から始めるが，図Ⅰ-16のP線上の刺激の内，菱形刺激をそれぞれの眼の鼻側方向に移動させる場合について検討する。即ち右眼用の菱形刺激を R_0 から R_2 へ左方向に移動させ，左眼用菱形刺激を L_0 から L_2 へ右方向に移動させると，V_1 線上の右眼像は b_0 から b_1 へ左方向に移動し，左眼像は b_0 から b_2 へ右方向に移動する。A像は視点整合されているので基準となるが，B像は V_1 線上を右眼では b_1 に，左眼では b_2 に位置して双方は乖離して両眼視差分（$i=(1)+(2)$）が生じる。つまり視点が大きくズレている複視の状態になる。この両眼視差分を解消させて網膜上に視点を整合させることの可能な位置を見出そうとする結果，両眼の視方向を刺激の移動方向と同様に鼻側にズラせて基準となる対象より d だけ眼に接近した V_2 線上に視点の整合したB像の

36　第Ⅰ部　非交差・交差視野と奥行知覚

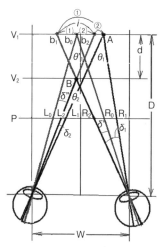

図Ⅰ-16　浮き出るステレオグラム刺激像

注) ①は右眼の視差部分を②は左眼の視差部分を i は両眼視差に相当する部分を示す。なお(1)は右眼の視差増大を(2)は左眼の視差増大を示す。
右眼の菱形刺激鼻側方向に移動し，左眼の菱形刺激も鼻側方向へ移動する場合，両眼視差相当 i は(1)＋(2)となる。この両眼視差分と対象像間の奥行 d の関係を示す。

位置を見出すと考えられる。

なお刺激像の浮き出る方向に関しては，左右の視差変化の大きさに応じて決まると考えられる。例えば，右眼と左眼の視差変化の大きさが x 対 y（図では(1)対(2)）の割合で変化する場合には，等奥行きにおける変化刺激像の位置からB点を結ぶ線上またはその延長上を変化刺激像が移動するように知覚されるであろう。両眼の間隔 w を y 対 x で分ける点を考えるとき，その線はその点に向かって伸びることにもなるであろう。

これを視差および両眼視差を用いて述べると，右眼の視差は $δ_1$ に変化して $δ'$ が，左眼の視差は $δ_2$ に変化して $δ''$ が生じる。これらの結果，それらの和（$δ'+δ''$）としての両眼視差が生起する。そしてそれぞれの眼にとって鼻側の方向への視方向のズレが生じているから，それを解消するため視方向の移動と眼の水晶体の調節により両眼視差に応じて d だけ浮き上がるまたは眼に接近した奥行知覚が生じると考えられる。

次に，図Ⅰ-17のように両刺激が最初の等奥行に在る状態から，P線上の刺激の内，菱形刺激をそれぞれの眼の耳側方向に移動させる場合について検討する。即ち右眼用菱形刺激を R_0 から R_2 へ右方向に移動させ，左眼用菱形刺激を L_0 から L_2 へ左方向に移動させるとき V_1 線上の右眼像は C_0 から C_1 へ右方向に移動し，左眼像は C_0 から C_2 へ左方向に移動する。A像は視点整合

されているので基準となるが，C像は右眼ではC_1に，左眼ではC_2に位置して双方は乖離して両眼視差分（$j=(1)+(2)$）が生じる。つまり視点のズレている状態つまり複視の状態になる。そこで右眼はC像をC_0からC_1に近づけ，左眼はC像をC_0からC_2に近づけて左右の眼の視点が一致し，ズレの部分即ち両眼視差分を解消して網膜上に視点の整合した像が結像することの可能な位置を見出そうとした結果，両眼の視方向を刺激の移動方向の耳側にズラせて基準となる対象よりdだけ沈み込んだV_2線上に視点の整合したCの位置を見出すことになる。

なお刺激像の沈み込むズレの方向に関しては，前述のように左右の視差変化の大きさに応じて決まることになる。

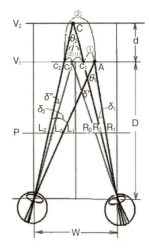

図Ⅰ-17 沈み込むステレオグラム刺激像

注）①は右眼の視差部分を②は左眼の視差部分をjは両眼視差に相当する部分を示す。なお(1)は右眼の視差増大を(2)は左眼の視差増大を示す。
　右眼の菱形刺激が耳側方向に移動し，左眼の菱形刺激も耳側方向に移動する場合，両眼視差相当jは(1)+(2)となる。この両眼視差分と対象像間の奥行dの関係を示す。

例えば，右眼と左眼の視差変化の大きさがx対y（図では(1)対(2)）の場合には，等奥行きにおける変化刺激像の位置からC点を結ぶ線上またはその延長上を変化刺激像が移動するように知覚されるであろう。

両眼の視差および両眼視差を用いて述べると，右眼の視差はδ_1に変化してδ'を，左眼の視差はδ_2に変化してδ''を生じる。そしてこれらの和（$\delta'+\delta''$）としての両眼視差が生起する。この結果，それぞれの眼にとって耳側の方向への視方向のズレと共に，両眼視差に応じてC像が眼にdだけ遠隔化する奥行知覚が生じると考えられる。

ここで例示した事例とは別に，左右の眼の刺激の移動が共に同方向である

場合，即ち右眼用の刺激が鼻側方向であり，左眼用の刺激が耳側方向に移動する等の場合に両者の移動距離に若干の差が生じるとすれば，その差に相当する両眼視差分が生じ，視方向のズレと共にそれを解消するためそれに応じて奥行知覚が生じる。もしも右眼用の刺激も左眼用の刺激も共に左または右に揃って同距離移動すれば，両眼の刺激の移動が相殺される結果となって刺激の位置の変化に伴って対象像の位置は変化するが，それによって生じる両眼視差分が0となるから奥行知覚は生じない。

以上の考察から視点整合の理解を纏めてみると，二つの刺激の何れの刺激においても，基準刺激と等奥行の状態からそれぞれの眼にとって鼻側への変化刺激の移動に基づく鼻側方向への視方向のズレによって両眼視差が発生した場合には，その程度に応じて相対的にその刺激像は浮き出るが，基準刺激と等奥行の状態から耳側方向への変化刺激の移動に基づく耳側方向への視方向のズレによって両眼視差が発生した場合には，その程度に応じて相対的にその刺激像は沈み込むことになる。

変化刺激の移動方向による浮き沈みの変化の傾向を見ると，いずれの刺激においても刺激の鼻方向の移動によりその鼻側方向に視方向がズレるときには，それによって生じる両眼視差を解消し視点整合させるため刺激のズレの程度に応じて奥行知覚はより浮き出る方向に進行する。逆に刺激の耳方向の移動により耳側方向に視方向がズレるとき，それによって生じる両眼視差を解消し視点整合させるため刺激のズレの程度に応じて奥行知覚はより沈み込む方向に進行するといえる。

以上においてはステレオグラム刺激の移動を言わば独立変数として移動させて視線の方向をズラセたのであるが，実際の刺激対象の場合にも同様である。二つの奥行きの異なる対象それぞれの視点を先ず整合させなければならないであろう。いずれかの対象を基準として眼に接近した位置の対象や眼から遠隔の位置にある対象の視点を整合させるためには，視方向をズラセるとともに眼の水晶体の焦点距離の調節をしなければならない。即ち基準対象に

対して眼に接近する位置の対象は視線を鼻側にズラせるとともに，焦点距離を調節して視点を整合させなければならないし，基準対象に対して眼から遠隔の位置にある対象については視線を耳側にズラせるとともに，焦点距離を調節して視点を整合させなければならないのである。これらの場合にも視差の変化や両眼視差に応じた眼の水晶体の焦点距離の調節がなされるのであって，実際の刺激対象の場合にも視点整合の理解が妥当すると考えられる。

視点整合のための両眼の調節機能

　両眼視差を解消して視点整合させて網膜上に鮮明な像を結像さようとするときの視方向の調節や眼の水晶体の調節については既に触れたところであるが，これらの調節についてもう少し詳しく考えてみることにしよう。

　例えば我々が光学顕微鏡等で対象を見る際に，像のピントが合わない時レンズを交換する場合は別として，対象とレンズまでの距離を変える操作でピントを合わせて像を鮮明にしようとする。眼の場合は対象と眼までの距離を変えて調節もするが，水晶体の焦点距離を変更するという操作によっても視点整合を果たしているのであろう。即ち眼の焦点距離を変えるためには水晶体の屈折率を変化させることになるが，眼に接近する対象においては水晶体の屈折率を強める必要がある。そのため眼の毛様筋を収縮させ，チン小帯を緩める。水晶体は弾性により厚くなり，その結果焦点距離が短縮する。また眼から遠くにある対象においては水晶体の屈折率を低める必要がある。そのため毛様筋を弛緩させ，チン小帯を引っ張らせて水晶体を薄くする。その結果焦点距離が伸長する。この水晶体の屈折率を調整するための筋肉の弛緩や緊張という無意識的感覚と結びついて奥行知覚が形成されると考えられる。

　また，これと同時に両眼の視方向をわずかにズラせる必要が生じるが，視方向を移動させるには動眼筋による視点の移動が行われるであろう。そしてこれらの諸機能による調整の結果は大脳の視覚野における両眼視差等を感受するニューロン等によって検出され，その検出結果が大脳からフィードバッ

クされ，微調節が加えられて完全に視点の整合が成されるのであろう。

視点整合のための諸機能に関する生理学

　この視点整合に基づく理解を裏付けると思われる生理学的事実も明らかになってきている。脳神経生理学の面から，サルや人は両眼視差（両眼の網膜像の水平方向のズレ）によって視覚刺激の奥行きを知覚することが可能であるとされ，実際にサルの第1次視覚野 V1と視覚前野（V2, V3, V4, MT野）には両眼視差に感受性をもつ細胞が多く存在することが明らかとなり，これらの視差感受性細胞（視差検出細胞）が両眼立体視に寄与するとされている（藤田，1994, p.54）。

　また，三上は Poggia, G. F. 他（1988）の研究を引用して，サルの第2次視覚野には奥行知覚に関連すると思われるニューロンが存在すると述べている。そして視方向のズレとそれを検出するニューロンに関して「奥行き知覚の1つは左右の眼球からの像のずれである。注視点よりも近いものの像は右眼ではより左へ，左眼ではより右へずれる。注視点よりも遠いものの像は右眼ではより右へ，左眼ではより左へずれる。第2次視覚野には，両眼の像がぴったり合っているときには活動せず，わずかにずれているときにのみ活動するニューロンが存在する。このタイプのニューロンには，注視点よりも手前のずれを検出するニューロンと遠方のずれを検出するニューロンが存在する。」（三上，1996, p.112）と述べているのである。この記述における注視点を基準対象とし，注視点より近いものの像や遠いものの像が示す左右のズレの方向を鼻側方向や耳側方向と言い換えるならば，視点整合に基づく理解において述べた現象と全く同じ現象を三上が指摘しているのである。視点整合がなされるとき，視覚野においてこのズレを検出するニューロンや注視点よりも手前のズレと遠方のズレを検出するニューロン等は重要な役割を担っているのであろう。

4）両眼視差と奥行の関係

　これまで両眼視差を解消して視点を整合するとき，この両眼視差に応じた奥行知覚が生起すると考えてきた。そこで視点整合の理解に基づく両眼視差と奥行の量的関係について検討することにしよう。

　先ずステレオグラム刺激を用いたときの刺激像が浮き出る場合についてみる。図Ⅰ-14のV_1線上で両眼の視線が交わるA像を基準にしたとき，両眼視差に相当する部分のb_0とb_1の距離iに対する両眼に接近し，浮き出る程度dの関係をみることにする。いま両眼の水晶体の中心を結ぶ間の距離をW，その両眼を結ぶ線からAまでの距離をD，V_1線とV_2線の間の距離をdとして，iの関数としてdを示すと次式(1)となる。

$$d = \frac{D}{\frac{W}{i}+1} \qquad i \neq 0 \tag{1}$$

この式ではiが0でないという前提のもとiで除しているが，除す前の式(1-1)に基づくと，iが0の場合，dは0となることは明らかである。

$$d = \frac{iD}{W+i} \tag{1-1}$$

　図Ⅰ-16に示すように，P線上のステレオグラム刺激Bの右眼用の刺激を左にR_0からR_2へ，左眼用の刺激をL_0からL_2まで移動させ，全体でiだけ移動させる場合にも，(1)の式を用いることができるであろう。

　次に沈み込む場合についてみると，図Ⅰ-15から両眼視差に相当する部分jに対する両眼から遠ざかり，沈み込む程度dの関係をみることにする。視線の交わるAを基準として，両眼視差に相当するc_0とc_1の距離をjとし，両眼の距離をW，両眼を結ぶ線からAまでの距離をD，V_1線とV_2線の距離をdとして，両眼視差に由来するjの関数としてdをあらわすと以下の通りとなる。$j<W$の範囲では，

42　第Ⅰ部　非交差・交差視野と奥行知覚

$$d = \frac{D}{\frac{W}{j} - 1} \qquad j \neq 0 \qquad j \neq W \tag{2}$$

が成り立つ。この式でも j が 0 でないという前提のもと j で除しているが，除す前の式（2-1）に基づくと，j が 0 の場合，d は 0 となることは明らかである。

$$d = \frac{jD}{W - j} \qquad j \neq W \tag{2-1}$$

図Ⅰ-17に示すように，P線上のステレオグラム刺激Cの右眼用の刺激を左に R_0 から R_2 へ，左眼用の刺戟を L_0 から L_2 まで移動させ，全体で j だけ移動させる場合にも，(2)の式を用いることができる。

次に示す図Ⅰ-18は，基準刺激の両眼からの距離(D)が10cmから1mまでの範囲内を 5 cm 間隔で変化させるとき，(1)式の刺激が基準刺激に対して

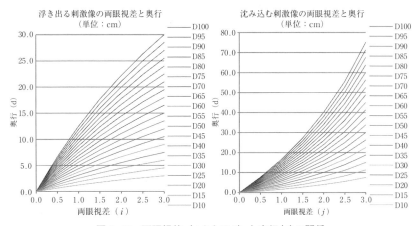

図Ⅰ-18　両眼視差（ i または j ）と奥行(d)の関係

注）左図は基準対象（刺激）像より浮き出る対象（刺激）像の両眼視差分と奥行の関係であり，本文中の(1)式を図示したものである。右図は基準より沈み込む対象（刺激）の両眼視差分と奥行の関係であり，本文中の(2)式を図示したものである。両眼の間隔(W)を 7 cm とした場合の両眼視差分と奥行の関係を例示したもので，Dは両眼から基準対象（刺激）像までの距離である。曲線の区別がやや明確ではないがDの大きさを示す凡例の順に曲線が並べられている。

浮き出る場合の両眼視差分(i)と奥行(d)の関係および(2)式の刺激が基準刺激に対して沈み込む場合の両眼視差分(j)と奥行(d)の関係を図示したものである。ステレオグラム刺激では視差分や両眼視差分（iまたはj）は小さく，基準となる刺激までの距離(D)も限られた範囲内であるが，実際の刺激対象ではこれらの値が大きくなる場合が生じるので，範囲を拡大して図示したものである。浮き出る場合と沈み込む場合とでは実際の奥行(d)は逆方向ではあるが，図では距離として共に正の値で示している。

　この図はあくまでも理論的に両眼視差分と奥行の関係を示すものであるから，すべての範囲で実際にこれに即した奥行知覚が生じるとはいえないであろうし，基準となる刺激までの距離(D)において両眼視差分（iまたはj）が限界値を超える場合等では融像が生じ難く，奥行知覚が困難となることも想定される。実際に生起する奥行知覚の範囲や同一両眼視差における浮き沈みの知覚差等を明らかにすることは今後の課題である。

　奥行dは，基準対象までの距離Dに比例するとともに両眼視差分iまたはjの増加に応じて増加することがこの図からも明らかである。浮き出る場合と沈み込む場合のdの値は，両眼視差分が小さい場合では両者に殆ど差異がない。通常ステレオグラム刺激の場合には視差分が小さく両眼視差分もごく小さいから，奥行(d)は同じiとjの値の場合に殆ど相違が生じないし，また日常生活での支障も少ないであろう。しかし実際の刺激対象においては，Dや両眼視差分が比較的に増大する場合がある。その場合に同じiとjの値を示すときでも奥行きの相違が大きくなり，浮き出る程度に比較して沈み込む程度が著しく大きくなる。例えば極端な場合，基準対象までの距離Dが1mで両眼視差分が3cmに達すると，浮き出る場合の奥行は30cmであるのに対して，沈み込む場合には，その倍以上の75cmに達することになる。しかし実際上はこのような奥行知覚差は感じられない。即ち両眼視差分（iまたはj）が増大するにつれて奥行きの相違が大きくなり，浮き出る程度に比較して沈み込む程度が相対的に大きくなることは何らかの原因でそれほど

感じられないのかもしれない。それは基準となる対象を入れ替えて、沈み込みと浮き出しを繰り返して見ていると、沈み込む程度と浮き出る程度とが平均化されて均等になって見えてくるのかもしれない。また沈み込む場合のように、眼から遠距離になるに伴って遠隔化の程度が縮小されてみえるからかもしれない。また実際の対象をみる場合のように、奥行知覚に何らかの恒常性を維持する働きによって、一定の奥行きに知覚されるのかもしれない。

5） 輻輳角内の奥行知覚

これまでは通常の状況下にある2対象に関する一般的な奥行知覚を検討してきた。それは奥行きの異なる対象（刺激像）が互いに他の対象（刺激像）の輻輳角外に在る場合であった。ここではそのような一般的な理解がそのままでは当てはまらない事例、即ち1対象（刺激像）の輻輳角内に他の対象（刺激像）が位置する場合の奥行知覚について考察することにしよう。このような現象は極めて限定的なものではあるが、両眼の正面において生じる奥行知覚に関する現象であるから、時に種々の影響を実生活に及ぼすものと思われる。

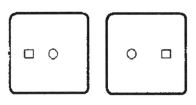

図 I-19　刺激A像の輻輳角内に刺激B像が位置する場合のステレオグラム

注）B（○）像がA（□）像の輻輳角内にある場合のステレオグラム刺激配置の一例である。この刺激の配置は図 I-20におけるV線上の b_1 と b_2 間の任意の位置 b にB像が想定される場合のP線上の刺激配置を示している。刺激が図 I-12とは異なった配置になっており、同一刺激がそれぞれの眼の鼻側または耳側に配置されていている。また、刺激が白抜きになっているが、これは□と○の重なる e_1 および e_2 像を確認し易くするためである。

e_1 および e_2 像の軌跡

ここでは非交差視野における2刺激について1刺激が他刺激の両眼輻輳角内に在る場合についてスライド式ステレオグラム使用して検討することにする。即ち図 I-19に示すような2個の刺激からなるステレオグラム刺激を用いるときにみられる円形刺激(B)像が

四角形刺激(A)像の輻輳角内に位置する場合についてみることにしよう。このステレオグラム刺激を図Ⅰ-20のP線上に，A像に対する刺激をa_{01}とa_{02}の位置に置き，B像に対する刺激をb_{01}とb_{02}の位置に置くとき，V_1線上の視線の交点にA像が結ばれ，V線上のb（任意の点）の位置にB像が結ばれると想定される。しかし実際にはA像とB像の代わりにそれらの像の重なるe_1およびe_2像がA像に対する視線上に現れるのである。

いま，P線上において両眼のB刺激をb_{01}とb_{02}の間隔を一定に保ちながらa_{01}からa_{02}まで右へ移動させると，B像はV線上をb_1からb_2へと移動する

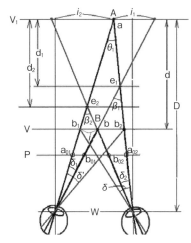

図Ⅰ-20　A像とその輻輳角内の任意の位置にあるB像の代わりに現れるe_1およびe_2像

注）B像がV線上のb_1からb_2までの任意の位置にあると想定される場合のe_1およびe_2像の位置，両眼の輻輳角，視差および両眼視差等を示す。

と想定される。しかし実際にはB像は四角形と円形が重なるe_1およびe_2像として結像され，その位置は四角形に対する視線と円形に対する視線の延長線が交わる位置にe_1およびe_2の像が結ばれる。そしてB像のb_1からb_2への移動に伴い，e_1は直線ab_2上をaからb_2に向かって移動し，e_2は直線ab_1上をb_1からaに向かって移動するように知覚される。またB像をb_2からb_1へ逆に移動するときにはe_1およびe_2像の移動方向も逆になる。

B像がb_1とb_2の中間点に在るとき，e_1およびe_2像は両眼から等距離の位置に並び，奥行きが互に等しいと知覚される。また，B像がb_1またはb_2の位置に在るときe_1とe_2像いずれか一方のA像からの奥行はdとなり，他方はA像に位置にあって相互の奥行差も最大となる。この場合は通常1対1の対応の無いステレオグラム刺激として，B像がA像の輻輳角外にある場合の

奥行知覚を示すものと考えられる。換言すればこの b_1 および b_2 の位置は輻輳角内外接点ということができよう。

B像の移動に伴う e_1 または e_2 像の基準刺激A像との間の両眼視差および奥行

図Ⅰ-20に示すようにA像を基準刺激として e_1 または e_2 像の間の視差および両眼視差の観点から，これらの現象をみるときP線上の a_{01} と b_{01} の間隔は左眼のA像とB像との視差相当であり，P線上の a_{02} と b_{02} の間隔は右眼の視差相当である。四角形刺激(A)像は左右の眼の視線の交わるところに像を結び，円形刺激(B)像も左右の眼の視線の交わるところに像を結ぶと想定されるが，実際には両像は e_1 または e_2 像が結像する。この e_1 または e_2 像は両眼のA像に対する視線上にB像が加わるA像とB像の二重像になるのである。

先ず，e_1 の両眼視差についてみると，図に示すように e_1 の両眼の輻輳角を β_1，A像の輻輳角を θ_1 とすると，

$$\beta_1 - \theta_1 = \delta_1$$

となる。この δ_1 は両眼視差に相当し，V_1 線上には i_1 という両眼視差相当を示すと考えられる。この両眼視差相当を解消するため視点整合を求めて，V_1 線上のA像より d_1 だけ眼に接近した e_1 像を得ると考えることができる。両眼視差と奥行の関係をみるためV線上をB像が b_1 から b への距離 i の移動に対する e_1 のA像からの奥行 d_1 は，$D-d=R$ とすれば

$$d_1 = \frac{D}{\frac{RW}{Di}+1} \qquad 但し \frac{dW}{D} \geq i > 0$$

が成り立つ。$i = \frac{dW}{D}$ のとき，$d_1 = d$ となる。この式は i が0でないという前提で，Di で除しているが，Di で除す前の式，

$$d_1 = \frac{iD^2}{RW + iD}$$

から，$i=0$のとき，$d_1=0$となることは明らかである。

次に，e_2の両眼視差についてみると，δ_2は両眼視差に相当し，V_1線上にi_2という両眼視差相当を示すと考えられる。この両眼視差相当を解消するため視点整合を求めて，V_1線上のA像よりd_2だけ眼に接近したe_2を得ると考えることができる。V線上をB像がb_1からbへの距離iの移動に対するe_2のA像からの奥行d_2は，$D-d=R$とすれば

$$d_2 = \frac{D}{\frac{RW}{(dW-iD)}+1} \qquad 但し \frac{dW}{D} \geq i \geq 0$$

となる。$i=0$のとき$d_2=d$となり，$i=\dfrac{dW}{D}$のとき$d_2=0$ となる。

このことは，e_1またはe_2のいずれか一方がA像の位置にあるときには，他の一方はb_1またはb_2の輻輳角内外接点にあり，最大の浮きあがり状態になっていることを示している。例えばe_1がA像に達したとき，e_2はb_1に達して最大に浮き出るし，e_2がA像に達したとき，e_1はb_2に達して最大に浮き出るのである。これは先に述べたe_1またはe_2の軌跡を示すものである。

B像の移動に伴うe_1またはe_2像の両眼からの奥行

ここで，図Ⅰ-20のV線上をB像がb_1から任意の点bまで移動するときの移動距離をiとして，このiの変化に応じたe_1またはe_2の両眼からの距離をみることにする。両眼を結ぶ線からe_1のまでの距離（両眼からの距離）qおよびe_2の両眼からの距離tとして，それを求めることになる。この両眼からの距離は，先の述べたd_1またはd_2を用いて，$q=D-d_1$または$t=D-d_2$の関係から求めることができるが，念のため求めておこう。

さてe_1に関して，V線上をB像がb_1からbへの移動距離iに対するe_1の両眼からの奥行きqは，$D-d=R$とすれば，

$$q = \cfrac{1}{\cfrac{i}{RW} + \cfrac{1}{D}} \qquad 但し \frac{dW}{D} \geq i \geq 0 \tag{1}$$

となる。$i=0$ のとき $q=D$ となり，$i=\dfrac{dW}{D}$ のとき $q=R$ となる。即ち $i=0$ のとき眼からの奥行が最大の D となり，$i=\dfrac{dW}{D}$ のとき眼からの奥行きは最小の R となる。

また e_2 に関して，V 線上を B 像が b_1 から b_2 への移動距離 i に対する e_2 の両眼からの奥行き t を同様にして求める。$D-d=R$ とすれば，

$$t = \cfrac{R}{-\cfrac{i}{W} + 1} \qquad 但し \frac{dW}{D} \geq i \geq 0$$

となる。$i=0$ のとき $t=R$ となり，$i=\dfrac{dW}{D}$ のとき $t=D$ となる。

e_1 または e_2 像の等奥行線上の両眼視差分とその線からの奥行

次に図 I-21 の V_1 線を基準とするとき e_1 像の沈み込む奥行き u_1 と e_2 像の浮き出る奥行き u_2 を考えることにする。もし e_1 と e_2 像が両眼から等距離になるとき両像は前額平行水平線 V_1 上にあり，先述の両眼からの距離は $q=t$ となる。

この線 V_1 の両眼からの距離を x とすれば，x は $D-d=R$ とすれば，

$$x = \cfrac{R}{-\cfrac{d}{2D} + 1}$$

となる。

また，その線上における e_1 と e_2 像の両眼視差相当の m は，V 線上の B 像のズレを k とすると，

$$m = \frac{k}{-\dfrac{d}{2D}+1}$$

となる。この e_1 の両眼視差分 m から奥行き u_1 を，e_2 の両眼視差分 m から奥行き u_2 を求めることができる。この時の両眼視差分に対する奥行きの関係は，前述の対象が両眼の輻輳角外に在るときと同様に考えることができる。

V_1 線上での e_1 と e_2 に対する両眼の視差分が等しい状態から，B 像のズレ k により一方の眼の視差分には両眼視差分 m が加わり，他方の眼の視差分には両眼視差分 m が減じられ，左右の眼の視差には大小が生じる。その結果，e_1 と e_2 像の浮き沈みが同時に生起する。

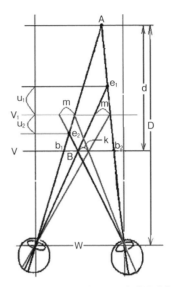

図Ⅰ-21 e_1像とe_2像の両眼視差と奥行

注) B像がV線のb_1からb_2間の中点からkだけ左にずれるとき，V_1線上に両眼視差分のmを生じる。そのためV₁線よりe_1はu_1沈み込み，e_2はu_2浮き出ると考えられる。

ある対象の両眼の輻輳角内に他の対象が入るという現象は実生活において様々な問題を引き起こすであろうが，特に e_1 と e_2 像が等奥行になったときに問題が多く生じるであろう。等奥行きの対象は実際には眼に対して前後に並んでいる状態であるのに，e_1 と e_2 像は横並びに見えるからである。この現象は Krol, J. D. と Van de Grind, W. A. (1980) によってダブルネイル錯視 (double-nail illusion) として取り上げられ，我が国においても中溝・近藤 (1988) によって検討されてきた。実生活上の問題の例としては，例えば針孔に糸を通そうとする場合，針孔に手前から糸を接近させようとすると，なかなか糸が針孔に通らないので片眼で見ることが多い。その方が通し易いのであろう。この原因の一つとして，実際には針

孔と糸の先端が前後に並んでいるのに，針孔と糸の先端の二重像が二つ横に並んで見えるから迷うことになると思われる。また，これは想定される例であるが，野球場で高く上がった打球を見ている人の場合，ポールの輻輳角内に飛球が入り，球がポールに向かって進む場合を想定すると，球とポールの二重像が横並びに見えることになるから，球がポールの内側に入ったか，外側に外れたか，ポールに当たったかの判断を見る人が迷うということが起きるかもしれない。この状況は時に「アンパイア泣かせ」になると思われる。

6) 運動視差による奥行知覚

　両眼視差を解消して視点整合を行う際に生じる奥行知覚とは異なり，運動視差を活用する奥行知覚について検討することにしよう。我々が電車に乗って窓から外の景色を見るとき静止している対象は後方に移動していくように見える。もう少し小さな移動についても同様である。例えば顔を右に少し動かすなら対象は左に移動するように見える。しかしある一つの対象を注視しながら（注視する対象を基準対象とする）顔を右に移動すると基準対象は移動しないが，その他の対象は移動するようにみえる。このとき基準対象より近い対象は左に移動し，基準対象より遠い対象は右に移動するようにみえる。したがって顔の移動と逆方向の左に移動する対象があれば，その対象を基準対象より近接しているものと知覚し，顔の移動と同じ方向の右に移動する対象があれば，その対象を基準対象より遠隔にあるものと知覚することができる。この移動の距離は基準対象からの奥行きを表しているので，顔の移動に伴ってこの距離が小さい対象ほど基準対象に接近する奥行きとなり，大きい対象ほど基準対象から離れる。したがってこれらの対象の移動距離をみて，基準対象からその対象までの奥行きや大きさを知覚することができる。一般に対象の移動の単位時間当たりの距離即ち速度を運動視差と称している。

　奥行きの知覚には種々の情報が利用されるが，先述のように両眼視差が最も重要な役割を果たしている。しかし薄暗い環境下等にあって対象の奥行が

明確に把握できない時，視覚の急激な変化等の中にあって両眼視差を用いて奥行を把握する暇がない時，単眼での視覚に制限される時等で両眼視差が利用できない等の状況下では，この運動視差が両眼視差の機能を補うものと考えられる。フクロウが獲物を狙っているとき，獲物を注視しながら顔を左右に移動させる場合があるが，恐らく獲物の奥行きや大きさ等を確かめているのであろう。このような行動は相手にこちらの存在を気付かせる虞もあって，時に危険な行為でもあろうが，フクロウは奥行知覚をより確実なものとするために運動視差を活用しているものと思われる。

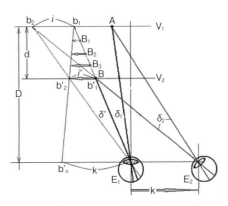

図 I -22　単眼における運動視差（基準対象より近くに在る対象の場合）

注）基準対象Aおよび対象Bを単眼E_1で見ながら，眼をkだけ右にE_2まで移動すると移動視差相当iが生じる。このiの代わりに，単位時間当たりb_1'からb_2'へ左に移動する運動視差i'を用いて対象BのAからの奥行きを知覚すると考えられる。b_1からb_1'の線上にある対象B_1，B_2，B_3の運動視差はそれぞれ矢印に相当する。

　ここでは両眼視差が利用できない場合においても，運動視差によって奥行きが知覚されるしくみについて考えることにしよう。単眼で奥行きの異なる二つの対象をみる場合，例えば図 I -22に示すように対象Aおよび Bがあり，基準対象Aより対象Bが眼に接近している場合ついて検討する。

　顔を右に移動した場合，眼は移動の前後で視差が$δ_1$から$δ_2$へ変化し，ほぼδ'という差が生じる。このδ'を仮に移動視差とすると，V_1線上に出現するiというズレは移動視差相当分である。これは移動の前後の眼を両眼と見做すときの両眼視差に相当するものである。しかしこの移動視差は両眼視差のように視点整合して奥行きdを推定することができないであろう。そのような仕組みを我々は具備していないからである。

そこで眼の移動と逆方向に移動するように見える対象に着目し，それを眼に近づくものと推定し，相対的に速度の速いもの，単位時間当たり移動する距離の大きいものを基準対象から離れて眼に接近するものと見做すのであろう。例えば図で示すように眼が矢印kの移動をした場合，それによって基準対象Aに対する視方向は変化したのであるが，基準対象を注視しているときには，その対象は元のまま移動しない状態に見えるのである。その状態を再現するため移動前の基準対象の視方向に移動後の視方向を重ね合わせて元の状態を復元するとき，拡大した視差$δ_2$を維持しようとするため，対象BはV_2線上を対象Aの移動の距離と同じ距離だけ押しやられて，b_1'からb_2'へ$δ'$の移動視差相当分$ĭ$だけ後方に移動することになる。実際に対象Bは図の矢印に示す方向に移動するように見えるのである。同様に眼E_1のBに対する視線の延長上の対象（B_1，B_2，B_3等）はいずれも図の矢印の方向にそれぞれの距離を移動するようにみえる。この$ĭ$は運動視差であり，単位時間当たりの移行距離を表している。この移動は眼の移動とは逆方向であり，対象Bが眼に近くなるほど速くなり目の移動速度に近づくが，眼の移動速度には及ばないことは図からも明らかである。その結果，対象Bは眼の移動と逆方向に移動し，相対的に速度の速いもの，単位時間当たり移動する距離の大きいものを基準対象から遠隔化し，眼に接近すると推定することになる。

さてここで眼をE_2の位置からE_1の位置に戻して基準対象Aに対する視線を重ねるとき生じる眼の移動と運動視差との関係および対象Bの基準対象Aからの奥行きと運動視差との関係を調べることにしよう。眼の移動距離をk，眼の移動する線から基準対象Aのある線V_1までの距離をD，基準対象Aのある線V_1に対する対象Bの奥行きをd，移動視差をi，運動視差を$ĭ$としてkを変数とすると，

$$ĭ = \frac{d}{D} k \qquad (1)$$

となる。この関係から運動視差は眼の移動距離に比例して変化することが分

かる。同時に，この関係は基準対象からの対象の奥行き d を運動視差との関係で表すと，

$$d = \frac{D}{k} \breve{i} \tag{1'}$$

となる。奥行き d を変数とすると，d は運動視差に比例して変化するから，運動視差から奥行きを推定することができることになる。また，運動視差 $\breve{i}$ と移動視差 i との関係をみると，

$$\breve{i} = \frac{D-d}{D} i \tag{2}$$

となる。結局，この移動視差 i は眼の移動前後のおける視差の差に基づくものではあるが，運動視差 $\breve{i}$ との関連からすると V_1 線上の運動視差相当分とみることができるのである。そして d が小さくなれば両者は近似してくる。

また(1')と(2)の式から，

$$d = \frac{D}{\frac{k}{i}+1} \qquad i \neq 0$$

が得られるが，この式は前述の両眼視差と奥行の関係に対応するものである。両眼視差では k が W になっており変化しないが，この式の k は変化する。しかし i は k に比例して変化するから k が変動した場合にも d は変化しないと考えられる。

次に，図Ⅰ-23に示すように基準対象Aより，対象Bが眼から遠くにある場合において単眼でみる場合について検討することにする。なお，この図では2対象の配置は図Ⅰ-22と同じであるが基準対象Aと対象Bの位置が入れ替えられている。

図のように眼の移動によって生じる移動の前後での視差の変化をみると，δ_1 から δ_2 へ変化し，δ' という差が生じる。これを移動視差とすると，V_1 線上に j というズレが生じるが，これは移動視差相当分である。基準対象Aに対

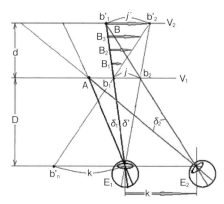

図Ⅰ-23 単眼における運動視差（基準対象より遠くに在る対象の場合）

注）基準対象Aおよび対象Bを単眼 E_1 で見ながら、眼をkだけ右に E_2 まで移動すると移動視差相当jが生じる。このjの代わりに、単位時間当たり b_1' から b_2' へ右に移動する運動視差 j' を用いて対象BのAからの奥行きを知覚すると考えられる。b_1 から b_n' の線上にある対象 B_1, B_2, B_3 の運動視差はそれぞれ矢印に相当する。

する視方向が変化するが、基準対象を注視しているときには、その対象は元のまま移動しない状態に見える。基準対象が元のまま移動しない状態をみるため、移動前の基準対象の視方向に移動後の視方向を重ね合わせると、対象Bは b_1' から b_2' へ V_2 線上を対象Aと同じ距離前方に j' だけ移動することになる。実際に対象Bは図の矢印に示す方向に移動するように見える。同様に眼 E_1 のBに対する視線の延長線上の対象（B_1, B_2, B_3 等）はいずれも図の矢印の方向にそれぞれの速度で移動するようにみえる。その大きさは図のそれぞれ矢印に示す距離となるであろう。この j' は運動視差であり単位時間当たりの移行距離とみられ、眼の移動方向と一致し、Aからの距離に応じて移動速度より大きくなり、この速度の範囲には制限がないであろう。その結果、眼の移動と同一方向に移動し、眼の移動速度と比べて相対的に速度の速いもの、単位時間当たり移動する距離の大きいものを基準対象から遠隔化し眼から遠ざかると推定することになる。

さてここでは眼の位置が E_1 から E_2 へ移動した場合について検討したが、逆に、眼の E_2 の位置から E_1 の位置に戻して基準対象Aに対する視線を重ねるとき生じる運動視差と対象Bの基準対象Aからの奥行きとの関係をみるときには、眼の移動距離をk、眼の移動する線から基準対象Aまでの距離をD、基準対象Aと対象Bの奥行きをd、移動視差を j、運動視差を j' とすると、(1)および(1')の式の i' を j' と入れ替えた式となる。kの大きさに応じて運動

視差が大きくなり，$\ddot{j}$ が大きいほど対象Bは基準対象Aから離れ，$\ddot{j}$ の大きさに応じて眼から遠ざかることになるのである。そして2対象の布置と眼の移動距離が同一でも，基準対象より眼に接近する対象と比較すると基準対象より遠い対象の運動視差は方向が逆となり，その大きさも図I-22の移動視差 i 相当となるであろう。

また，移動視差 j および運動視差 $\ddot{j}$ は眼の移動前後における視差の差に基づくものであるが，j と $\ddot{j}$ との関係は

$$\ddot{j} = \frac{D+d}{D} j$$

となり，d が小さくなれば両者は近似してくる。

ここではもっとも単純な単眼の場合について検討したが，両眼による運動視差についても同様に検討することができるし，眼の移動に基づく運動視差ではなく，対象自体の移動に基づく運動視差についても，同様に検討することができる。

第3章 変換視野における奥行知覚に関する研究

これまで奥行知覚のしくみについて考察してきたが,この奥行知覚は実際の奥行に即応したもので,日常的に活用されているものであった。この視覚過程に何らかの操作を加えるとき立体視が得られる場合もあるが,それが得られなくなることが多く,その時には日常生活に混乱を起こすこともあろう。通常の視野に何らかの操作を加えて正常でない知覚を得ることを一般に視野変換といい,変換視野における知覚を変換視という。視野変換の方法には一般的に鏡やレンズやプリズム等が用いられるが,ある特定の変換ではこれらを一切用いないで可能な場合もある。ここでは変換視野において立体視が得られる場合とシュードスコープ視が得られる場合として幾つかの研究で用いられた視野変換について簡単に述べることにする。なお,視野変換研究に関する種々の実験において用いられてきた視野変換の種類や方法に関しては太城(1999, 2000)が詳しく紹介しているので参照されたい。

1) 変換視野における立体視研究

視野変換によって立体視が得られる場合について,Wallach ら (1963) の考案した方法についてみると,彼らは両眼の間隔の拡大または縮小する装置を用いて奥行きのある対象の両眼像の視差を拡大,縮小する操作を施した。視差を拡大する装置はテレステレオスコープ (telestereoscope) と称され,縮小する装置はイコノスコープ (iconoscope)[6] と称される (Gregory, *op.cit*, p.65)。両眼視差の拡大または縮小を生じて実際とは異なる誇張された奥行知覚が作られるのであるけれども,これは単に奥行知覚の程度に変更を加えるもので

---

[6] iconoscope は,元々,アメリカの物理学者 Zworykin, V.K. が1933年に発明した最初のテレビカメラをいうようである。

ある。左右の眼にそれぞれ二枚の鏡を用いて対象像を映していて，鏡映像の鏡映像が映されており，対象に即した奥行知覚が得られるとみられるから，一種の立体視をみる方法に該当するであろう。

　また視野変換による逆転立体視についても研究されてきた。逆転立体視は種々の方法で得られるが，視野眼鏡等の特別な装置を使用せずして逆転立体視が得られる場合がある。その内，簡単な方法として「倒立視」や「股眼鏡」等が挙げられる。

　視野を逆転させるには，倒立をして対象を見る「倒立視」が容易である。説明するまでもないことではあるが「倒立視」は見る主体の側が逆転して視野を回転させる方法である。また「股眼鏡」または「股のぞき」は倒立姿勢から両足を地に付けた状態で景色を見る方法とも考えられるから同類のものといえよう。この「股眼鏡」では通常景色に対して先ず後ろ向きになり，次に頭を下げて自分の股の間から景色をみる動作を行う。即ちこの動作は見る主体が先ず体を横に回転して景色に背を向ける。そして頭を下げて後方の景色をみるという動作によって景色の上下を逆にして見ることになるが，見られる客体を操作しても同様の結果となる。この場合は前述のサルやヒトの第一次視覚野から第三次視覚野に至る過程で見られる180度の視野回転の方法に類するものといえよう。ただ股のぞきの姿勢と正立した姿勢とでは，俯角等の要因が関与することは言うまでもない。正立した姿勢での背丈の加わった位置から俯瞰する場合と比較して股のぞきの姿勢では対象をみる視線が低くなるから視界が狭くなるし，対象までの距離の推定や対象間の奥行きの判別も曖昧になると考えられる。宮川（1943）は二本の黒塗りの角棒に対する「股のぞき」による奥行知覚を正立視条件と比較し，「股のぞき」ではやや奥行きが曖昧になる点がみられるものの正立視と同様の奥行きの距離知覚が成立することを実証している。また東山（2006）は股のぞきにおける対象の大きさの恒常性と距離の知覚を対象までの距離を変化させて調べ，股のぞきでは全体に対象が縮小されて小さく見える。特に遠くのものの対象の奥行き距

離の間隔が小さくなり圧縮されて互いに対象が接近して見え，景色の奥行きが不明瞭になる。これは逆さ眼鏡をかけたときには認められなかったので上半身を前かがみにする上体の逆転によって生じること等を明らかにしている。この実験は距離の異なる個々の対象の推定距離を股のぞきの状態と正立の状態とで比較したのであるから，両眼視差に基づく奥行知覚の実験とはいえないであろうが，これに関連する実験といえよう。

　次に筆者が実験で用いた特製の逆転視野眼鏡による変換視についてみることにしよう。正立視野に人為的に180度の回転を加えて逆転視野に変換しても立体視は変化せず，立体視の不変性は保たれるという仮定を確かめるため，逆転視野眼鏡を用いて視野全体を逆転させる実験を試みた。その際，両眼の視野全体を180度回転させるため，左右のビデオカメラ全体を180度回転して，回転した映像をそれぞれの眼に対応する液晶画面上に映し出すという方法を用いた。即ちこの際のビデオカメラの操作は，前述のように，先ず両カメラを左右入れ替えて，次にそれぞれのカメラを180度回転するという2段階の操作と同等であった。この結果，逆転した対象に対する両眼の視方向や両眼視差は推持されて立体視が不変であることが確かめられたのである（詳細は実験の装置および実験結果を参照）。なおこの方法は前述の通りフクロウ等の猛禽類の視覚の変換方法と極めて類似したものである。

　また，ブリュースター型ステレオスコープを用いて逆転立体視をみる方法は極めて容易である。非交差視野像に限られるが，ステレオグラムを上下逆さまにして描かれた刺激を見ればよいことになる。逆転視野における立体視の不変性はこの方法によっても容易に確かめられる。

2）変換視野におけるシュードスコープ視研究

　次に視野変換によって実際の奥行とは異なる奥行知覚即ちシュードスコープ視が生じる場合について幾つかの方法を紹介することにしよう。従来から鏡やレンズやプリズム等を用いて視野の上下を反転させる実験や視野の左右

を反転させる実験等の様々な変換視実験が行われ，シュードスコープ視について研究されてきた。Kohler, I. (1964) の行った鏡を用いた実験はこれに該当するものといえよう。

　ステレオグラム刺激の場合には何ら特別な装置を用いなくても，右眼では左の刺激を左眼では右の刺激を見て融像させるという交差法によって通常とは異なる奥行知覚，即ちシュードスコープ視を確かめることができる。これは交差視野における刺激像を融像させる方法に該当するであろう。またこの交差法は簡単な装置を用いて容易に両眼の交差視野を融像させることもできる。例えば筆者の交差視野実験（太田，2012a, b）における方法では鏡やレンズ等は使用しない簡単な装置を用いてこのシュードスコープ視を確かめた。その装置は視野調節器を用いて左右それぞれの視野の耳側を遮蔽して鼻側部分の範囲に視野を限定することによって交差視野内の対象像の融像を得易くする装置であり，それによって右眼は左側の交差視野の刺激を，左眼は逆に右側の交差視野の刺激を見ることになり，その結果，実際の対象の奥行とは逆の奥行知覚を形成してシュードスコープ視が得られたのである。実際の刺激対象の場合にもステレオグラム刺激で用いた装置と類似の装置を用いてこのシュードスコープ視を確かめることができる。筆者の行った実際の刺激対象に関するシュードスコープ視実験（太田，2013a）の詳細は「第Ⅱ部　奥行知覚に関する実験」を参照されたい。

　次に，簡単な操作を加えることになるが，ステレオグラム刺激の左右の刺激を正立のまま入れ替えるという方法によってもシュードスコープ視が得られる。左右のステレオグラム刺激の内の視差の大きい方の刺激を左右入れ替えることになるから，視差の大きい刺激において元々鼻側に位置した刺激が耳側に，元々耳側に位置した刺激が鼻側に移動することになり，現象的理解からすれば鼻側に位置していた浮き出た刺激像が逆に沈み込み，耳側に位置していて沈み込んでいだ刺激像が浮き出ることになる。左右の刺激を入れ替えたステレオグラム刺激も，それはそれとして一つのステレオグラム刺激で

あるから一概にシュードスコープ視とはいえないかも知れないが，左右の刺激を入れ替えない元のステレオグラム刺激の奥行知覚と比較すれば奥行は逆になるから，そのような観点からすればシュードスコープ視になるといえよう。

また，ホイートストーン（Wheatstone, C.）式ステレオスコープは，現在の代表的ステレオスコープの一つであってよく用いられている。ただこのステレオスコープはステレオグラム上の実際の刺激配置との関係でみると，左右それぞれの刺激を1枚の鏡に反射させて像を見るものであるから元の刺激とは左右が反転した鏡映像を融像させるものであり，一種のシュードスコープ視をみるものといえよう。但し，筆者が試作した改良型ホイートストーン式ステレオスコープ（太田, 2017）では，刺激通りの立体視が得られるように改良を加えたので，鏡映像でない正面からの像の融像による立体視を見ることが可能となり，この問題はほぼ解決されたと思われる（この改良型ステレオスコープの作成法については，付録2を参照されたい）。

実際の刺激対象の場合にシュードスコープ視を得るには若干の操作を必要とするであろう。筆者はかつて特製の反転視野眼鏡を用いて左右の視野を交換する反転視野実験（太田, 2002a）を探索的に実施した。先述の逆転視野眼鏡として使用した装置を用いて，そのビデオカメラを正立のまま左右を入れ替えて，ステレオグラム刺激や実際の刺激対象を観察する実験を行ったのである。これは左右の対象像を入れ替えてシュードスコープ視を試みたものであるから，ステレオグラム刺激を左右入れ替えた場合のシュードスコープ視に類似したものといえよう。

これらの他，鏡を使用して対象の交差視野像からシュードスコープ視を得る交差法に類する方法や Gregory が紹介しているシュードスコープ（Gregory, *op.cit.*）等がある。これは左右の視野を二枚の鏡によって左右の視野像を入れ替えてシュードスコープ視を得るという方法である。

3) 変換視野眼鏡長期着用研究

　ここで変換視野眼鏡長期着用研究について簡単に触れておこう。変換視研究は従来様々な目的で実施されてきたのであるが，奥行知覚の問題に多かれ少なかれ関連すると思われるので，その代表的なものの一部を挙げておく。Stratton (1896, 1897) は視野変換の先駆的研究を行い，心理学的課題として変換視野眼鏡の長期着用実験を試みた。彼は網膜像が外界に対して逆転しているにもかかわらず，なぜわれわれは外界を逆転して知覚しないのかという古くからの疑問に関して，網膜上では倒立像であるのにどうして正立視が可能であるか，即ち「正立視をするには網膜像の逆転が必要」(Stratton, op.cit. p.611) であるかという問題を提起し，それに答えようとして特製の逆転視野眼鏡を着用して網膜上の逆転像を正立像に変えようとした。彼は予備実験で2枚，本実験で4枚の凸レンズを視覚内の対象に焦点が合うように取り付けた特殊な眼鏡を作成した。この眼鏡を用いると外界全体が視線を軸として180度回転し，上下左右が逆転して見えたという。しかし両眼視をしようと両眼に逆転レンズを装着すると，輻輳が困難である等のため左眼のレンズは紙で遮蔽して右眼に限って実験した。予備実験に3日間，本実験に正味7日間の着用を自らが被験者となって行い，内観報告を行った。そして「彼こそ上下が逆転していない網膜像を体験した最初の人」(Gregory, op.cit. p.139) といわれたのである。彼は逆転眼鏡の長期装着による逆転視野への視覚的およびその他の感覚的定位の変化等の順応過程を調べ，逆転視眼鏡をはずした時の残効も経験したのであった。彼は正立視の真の意味は触覚と視覚との調和であると考え，網膜像の逆転は正立視にとって不可欠なものではないと結論付けたのであるが，この説に対してその後様々な議論を引き起こしたといわれる。彼の時代には網膜像を逆転する機能が大脳視覚野において生得的に具備されているという前提（勿論現在でも推論に域を出ないのであるが。）は立て難かったのであろう。もし当時，第一次視覚野V1から第三次視覚野V3に至る過程で視野マップが180度回転して表現されると想定可能であったなら，

彼は上記のような問題を提起しなかったに違いない。

　Strattonの報告からほぼ半世紀後の1950～60年代にKohler, I. は幾つかの研究結果をドイツ語で報告したが，1951年と1953年の2編の主要論文を英訳し纏めて報告した（Kohler, I., 1964）。彼は実験的に視覚的攪乱を引き起こすためレンズを使用せず，鏡を用いて視野を上下反転する眼鏡を6日間，9日間，10日間 の3回着用した実験を実施し，また大きな直角プリズムを用いて37日間，24日間，左右の視野を反転する変換視実験を実施した。これらの長期着用実験を実施して内観報告を中心にして視覚的攪乱に対する視覚的順応や鮮明な視覚的残効を実証してGibson, J. J. の高い評価を得たといわれる。

　我が国における変換視眼鏡長期着用研究の先駆者の一人である牧野（1963）はStratton以降に実施されたKohlerその他の研究およびわが国での幾つかの研究によって逆転視野の知覚の特性，逆転視野への適応，逆転視野における種々の課題の学習過程，逆転視野の残効などの問題が追求されたが，なお幾つかの疑問が残ると述べた。彼の指摘した疑問を要約すると（ⅰ）逆転から「正立」への過程は，狭義の順応か，それともより行動的な適応か。（ⅱ）従来の研究においては，上下の逆転のみが問題にされ，頭を下に向けたときの手前―向うの逆転，即ち遠近の逆転については殆ど触れられていない。また静止し，視線を直前方に固定した際の知覚のみが扱われ，頭や視線を動かす「生きた知覚」はほとんど扱われていない。更に頭を下に傾け，眼を下に向けるとき身体は「見る自己」と対峙するが，かかる自己との関係における空間の知覚はいかなる特性をもち，それがどのような経過によって変化するか等であった。そして視野逆転実験はKohlerのいうStörungsexperiment[7]の特性をもつ。それは自己―外界の知覚体制についての極めて大きな条件変化であり，知覚体制のより深い層にメスを入れ，その構造と法則性とを明らかにする機能を持つと考えられるとして，彼と共同研究者は変換視眼

7）攪乱実験（筆者訳）

鏡を長期着用する実験を試みた。使用した眼鏡は全反射プリズム2個を金属円筒に収めたもので，視野の上下が180度逆転するが左右は反転しない両眼眼鏡（大阪光学製）で，彼と共同研究者が被験者となって1人が9日，3人がそれぞれ10日間着用実験を実施したのである。彼らの実験以降わが国では数多くの変換視野眼鏡長期着用実験が実施され，様々な反転・逆転めがねの一定期間着用による知覚的混乱過程や順応過程および諸行動の適応過程研究が精力的に試みられてきたのである。ここでは個々の研究についての紹介は割愛するので，それぞれの研究を参照願いたい。なお我が国におけるこの種の研究を吉村（1996）は一覧している。

第Ⅱ部　奥行知覚に関する実験

　第Ⅱ部では，第Ⅰ部で述べられた多くの推論や仮説等を実証する目的で筆者が実施した実験を研究分野別に紹介する。

　第1章「研究分野別　研究のねらい」，第2章「研究分野別　研究方法」および第3章「研究分野別　実験結果」の順に述べられているが，その研究分野別にみると，まず「A　正立視野における対象の立体視またはシュードスコープ視実験」に関しては，先述のとおり，両眼の非交差視野または交差視野における対象像を重ね合わせて，それらの融像による奥行知覚の生起を確かめるために，重ね合わせる視野の組み合わせごとに検討する。即ち「両眼の非交差視野における対象の立体視実験」，「片眼の交差視野と他眼の非交差視野における対象の立体視実験」および「両眼の交差視野における対象のシュードスコープ視実験」について紹介する。

　これらの実験ごとに該当する視野を限定する方法としてここでは視野調節器を用い，該当する視野に限定されていることを確認する方法として透明スクリーン（ウィンドウ）を用いたが，それらについても具体的に紹介する。

　次に視野変換実験の一つとして実施した「B　逆転視野における対象の立体視実験」に関して，逆転視野を得るため，ここでは逆転視野眼鏡を試作して実際に使用したが，正立視野を逆転するための方法は，第Ⅰ部で述べたように，まず左右のカラービデオカメラを交換し，続いてそれぞれのカメラを180度回転するという方法であった。その逆転視野眼鏡の構成についても詳しく紹介する。

　最後に「C　運動視差による奥行知覚実験」および「D　奥行反転による反転視実験」に関しては，探索的実験を試みたに過ぎないので簡単に触れるのみにする。

第1章 研究分野別 研究のねらい

各研究分野における研究のねらいと，その研究に関わる視野と視覚伝達について概説する。なお，それぞれの分野に該当する視野の主なものについては，表Ⅱ-1にも一覧している。

A 正立視野における対象の立体視またはシュードスコープ視実験

先ず，正立視野における対象の立体視またはシュードスコープ視に関して実施した実験のねらいを述べることにする。正立視野は通常の視野状態であり正立と特筆する必要もないが，後述する逆転視野に対するものとしてこの研究分野が設定された。なお，この区分中において正立の文字が省略されて単に視野と記されている場合があるが，いずれもそれは正立視野を意味するものと解されたい。正立視野の実験においては，両眼の非交差視野または交差視野からの対象（刺激）像の融像による立体視またはシュードスコープ視を検証するねらいで種々の実験が実施された。

1) 両眼の非交差視野における対象の立体視実験

両眼の非交差視野における対象の立体視実験のねらい等について述べよう。ここでの実験は両眼の非交差視野における対象の融像による立体視を実証することがねらいで実施された。即ち幾つかの実験では両眼の非交差視野におけるステレオグラム刺激像の融像による立体視について，また幾つかの実験では非交差視野における実際の刺激対象の対象像の融像による立体視について実証しようとした。

ここでの非交差視野は，図Ⅱ-1においてハッチングされている部分であるが，この左右の非交差視野内にある対象の網膜像がそれぞれの眼に映し出さ

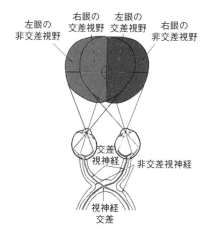

図Ⅱ-1 両眼の非交差視野からの神経伝達

注）左右の眼の非交差視野と神経伝達路がそれぞれハッチングされている。

れ，その像が視神経交差を経て左右反対の大脳半球の視覚野に伝達され，対象像間に生じる両眼視差は大脳において検出され，視点整合のために用いられて立体視が生起すると考えられた。

上記のねらいを解明するためブリュースター型のステレオスコープを使用した幾つかの実験が実施された。この中にはスライドするステレオグラムを使用して刺激移動による奥行知覚の変化をみる実験や特製の実験装置を使用して行った実際の刺激対象についての実験が含まれている。また対象が他の対象の輻輳角内に在る場合の奥行知覚に関する実験の中にはスライドするステレオグラムを使用して刺激像の奥行知覚の変化をみる実験や実際の刺激対象の移動による奥行知覚の変化をみる実験等も含まれている。

2）片眼の交差視野と他眼の非交差視野における対象の立体視実験

片眼の交差視野と他眼の非交差視野における対象の立体視実験のねらいについて述べよう。ここでの実験では，一方の眼の交差視野と他方の眼の非交差視野からの対象像の融像による立体視を実証することがねらいであった。

例えば図Ⅱ-2においては左眼の非交差視野と右眼の交差視野がハッチングされている。先述の通り，元々これら左右の視野は網膜の中心窩を基に重なっているが，左眼の非交差視野内の対象の網膜像は交差視神経により右の外側膝状体に伝達され，右眼の交差視野内の対象の網膜像は非交差神経により同じく右の外側膝状体に伝達される。そして両対象像は右側の外側膝状体に

おいて正確に重ねられ，同側の大脳半球の視覚野に投射され両眼視差が検出されて，視点整合のために用いられ立体視がなされると考えられた。前述のとおり人類は交差視野領域を他の動物に比べて最も発達させてきたことによって極めて広範囲の正立立体視を容易に獲得することが可能になったと考えられる。

幾つかの実験では交差視野と非交差視野におけるステレオグラム刺激像の融像による立体視について，また幾つかの実験では交差視野と非交差視野における実際の刺激対象の対象像の融像

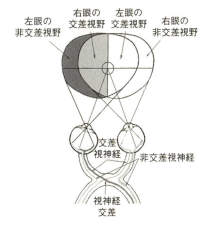

図Ⅱ-2　片眼の交差視野と他眼の非交差視野からの神経伝達

注) 左眼の非交差視野と右眼の交差視野および神経伝達路がそれぞれハッチングされている。

による立体視について実証しようとした。実験に際して，ステレオグラム刺激の左右の刺激像を重ね合わせ易くするためレンズを用いたが，実際の刺激対象の場合はレンズの必要性が殆どなかった。

ここには特製の実験装置を使用したステレオグラムを用いた実験や実際の刺激対象についての実験と共に，視野調節装置，透明のスクリーン（ウインドウ）等をヘルメットに装着して移動可能にした正立視野眼鏡を使用した実験等が含まれる。

3) 両眼の交差視野における対象のシュードスコープ視実験

両眼の交差視野における対象のシュードスコープ視実験のねらいについて述べよう。交差視野像の融像が比較的容易に得られる簡単な装置を用いて，両眼の交差視野における対象像の融像によるシュードスコープ視を確かめるねらいで実験が実施された。

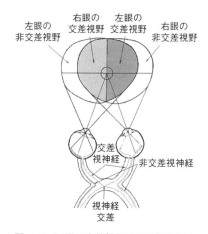

図Ⅱ-3 両眼の交差視野からの視覚伝達
注）左右の眼の交差視野と神経伝達路がそれぞれハッチングされている。

図Ⅱ-3では両眼の交差視野がハッチングされ，視覚伝達路の一部とともに示されている。交差法によるシュードスコープ視を容易にするため鏡やレンズを使用しない簡単な装置を用いた。またソシオグラム刺激も多少変更を加えた。即ち左右のソシオグラム刺激の間隔を狭めて両眼の交差視野像が容易に重なるようにした。

交差視野内の対象の両眼網膜像は眼とは左右反対からの像である。即ち右眼の交差視野像は注視点より左側の視野像であり，逆に左眼の交差視野像は注視点より右側の視野像である。左右それぞれ網膜像は視神経交差を経ないまま眼と同側の大脳半球の視覚野に伝達され，大脳の視覚野において両眼視差が検出され視点整合のために用いられ融像がなされる。その際，右眼はこの注視点より左側の対象像を右眼のものとし，左眼は右側の対象像を左眼のものとするように左右反対の像をそれぞれのものとして捉えるためシュードスコープ視が生じると考えられた。

なお，ここにはステレオグラム刺激と実際の刺激対象におけるシュードスコープ視実験が含まれる。

B 逆転視野における対象の立体視実験

逆転視野における対象の立体視をみるため，筆者は視野全体を180度回転させる逆転視野眼鏡を用いて逆転視野における対象（刺激）の立体視に関する実験を試み，視野を逆転させる方法の妥当性を確かめると共に逆転視野内での奥行知覚の不変性を確認しようとした。即ちステレオグラム刺激や実際

の刺激対象像を逆転視野眼鏡によって逆転させて立体視を調べ，逆転像においても立体視が常に正常に保たれることを確かめようとした。視野の逆転に対して奥行知覚が不変であることは至極当然と思われるし，人類をはじめ多くの脊椎動物は進化の過程で，網膜像の180度の回転に対して，前述のように逆転像を逆転させて正立視を獲得してきたと推測されるのであり，これには奥行知覚の不変性が前提となってきたと思われるのであるが，ここでは正立視を逆転させる逆転視における奥行知覚の実験を通して，改めて奥行知覚の不変性を確かめることにしたのである。

　また，作業課題を課して知覚の変化に応じた協応行動の形成に関しても検証しようとした。即ち逆転視に即応して種々の行動が如何に適応していくか，練習を重ねることによって，どのように逆転立体視の感覚と協応した動作を獲得していくか等についても併せて検証しようとした。

　前にも触れた通り，両眼の視野全体を180度回転して網膜像を逆転させるため，実験では左右のビデオカメラを全体的に180度回転して，それぞれの液晶画面に映し出すという方法を用いた。この方法は左右の視野を交換して，それぞれの視野を180度回転する方法と同等であった。そしてこのような逆転視野眼鏡による視野逆転方法はフクロウ等の用いている網膜像逆転に類似した人為的操作とみることができるものであった。

(逆転視実験で用いた課題の分類)

　実験課題は，本来は後述する実験方法の中で紹介されるべきものではあろうが，研究の範囲の全貌を示すものとして，ここで簡単に述べておくことにする。実験で用いた課題を明確に分類することは困難であるが，敢えて大別すると次頁のようになる。なお，「2　立体視と協応動作実験」中において種々のテスト器具を使用したものが含まれているが，テスト本来の目的のための器具使用法とは異なる使用をした実験が多々あった。例えば型盤テストでは，作業が容易となるように何枚かの型盤を貼り合せて大きな型盤を作成

して用いたが，このような器具の改造や独自の使用法で実施したことが屡々あったことを予め断っておきたい。

1 立体視（stereoscopic vision）実験
①ステレオグラム知覚（vision of stereograms）；ステレオグラム知覚
②実際の刺激対象知覚（vision of real objects）；実物知覚（vision of some objects），ロッド知覚（vision of some rods）

2 立体視と協応動作（eye-hand coordination）実験
①描写（drawing）；文字描写（copying letters），図形描写（figure drawing），点対称描写（point symmetric drawing）
②構成（construction）；顔造り（face-composition），実物配置（arrangement），積み木（building blocks），ダイアブロック（diablock）
③手先の技能（finger skill）；玉拾い（picking balls），狙準検査（aiming at holes），ペグボード（pegboard）
④感覚－運動技能（sensory-motor skill）；迷路（maze），両手協応による追跡（tracing with both hands），顫動検査（trembling test），型盤検査（pattern-board fitting test），ジグソーパズル（jig-saw-puzzle），折り紙（paper folding）

3 立体視と運動技能（motor skill）実験
①歩行（walking）；屈曲歩行（walking along bending route），屈折歩行（walking along refracting route），迂回歩行（going around three poles on foot），実地歩行（walking on actual land）

C 運動視差による奥行知覚実験

これまでは交差視野または非交差視野内の対象像を重ねることに基づく奥行知覚について述べてきたが，これとは異なる運動視差による奥行知覚の実験についてねらいを述べよう。

前述のように，運動視差は一定の方向をもつ単位時間当たりの移動距離即

ち運動速度と考えられるが、その運動視差が奥行の知覚にどうのように関係するかを明らかにする必要がある。そこで運動視差が導入された場合に奥行知覚にどの程度効果的であるかを確かめようと探索的実験を実施しすることにした。先ず、運動視差は両眼を用いなくとも可能であるから単眼における実験を行うことにした。また、ここでは眼の移動の代わりに対象の移動によって運動視差を生起させた。したがって眼の左右の移動によって運動視差が生じる場合には基準対象より近くにある対象は眼の移動と運動視差の方向は逆方向となり基準対象より遠くにある対象は眼の移動と運動視差の方向は同じ方向となるのであるが、対象の移動によって運動視差を生起させる場合には、基準対象より近くにある対象の移動方向と運動視差は同方向となり、基準対象より遠くにある対象は対象移動と運動視差は逆方向となる。

　なお、両眼における両眼視差と運動視差の関係や運動視差の奥行知覚との関係等を実証するための実験は未了であり今後の課題である。

D　奥行反転による反転視実験

　これまで交差視野または非交差視野内の対象像の両眼視差に基づく奥行知覚について述べてきたが、これとは異なる奥行きの知覚即ち奥行き反転による反転視について検討することにしよう。ある特別な状況における限定された対象に関して奥行の反転する奥行反転視（対象の奥行きとは逆の奥行知覚。以下反転視とする。）が生じる。正常な奥行知覚（対象の奥行きに即した奥行知覚。以下奥行視とする。）も得られるが、時に正常な奥行視とは逆の反転視に変化する。この反転視がやがて再度反転してまた元の正常な奥行視に戻るという反転が生じることにもなる。

　「マッハの本」や「ネッカーの立方体」等の奥行（遠近）反転図形においては奥行きが反転することはよく知られている。２Ｄの図形を奥行きのある３Ｄ構造のように知覚し、奥行が相互に異なるものとしてみることができる。この移行を一般に奥行反転というが、この場合の奥行視は二つの像の

融像により形成される奥行知覚ではない。

　ところで，この奥行反転図形をステレオグラム刺激として用いて両眼の刺激に両眼視差を加えると左右の像の融像によって立体視が生じ，その奥行は反転しない。また「マッハの本」や「ネッカーの立方体」等に相当する立体模型のような実際の刺激対象をみる場合にも，対象に奥行きがあり，両眼に両眼視差が明確にあるので立体視が生じて奥行きは反転しない。ところが実際の刺激対象の場合においても対象をある特殊な条件下に置くときには奥行きが反転するのである。例えば「マッハの本」や「ネッカーの立方体」等の立体模型を黒く塗装し，予め模型の1か所に小さな標識となるリングを取り付けておく。模型の背後に白色スクリーンを立てて模型をややシルエットに近い状態にして，模型を一定方向にゆっくり回転させると，最初は実際の回転方向と同じ順回転視がみられる。そのとき模型の標識が前面を通過しているか背面を通過しているかをみると，その通過位置は現実と一致していて，模型の奥行視が得られる。しかしやがて実際の回転方向とは逆に模型が回転する逆回転視が生じる。そのとき模型の標識の通過位置は現実とは逆のものになり，模型は反転視となるのである。

　この現象は奥行きに関する情報が不十分のため3Dの対象ではあるが2Dの図形に近い情報しか与えられないため容易に奥行きが反転するのではないかと考えられる。例えば回転する「ネッカーの立方体」模型の標識がコーナーに至るとき，背面通過から前面通過へと意識的に観点を変えると容易に逆回転視が得られ，奥行きも反転する。

　以上では，逆回転視と奥行反転をそれぞれ別の現象のように取り扱ってきたのであるが，逆回転視も奥行反転と同一現象とみることができるであろう。対象の近接部分とその移動方向を遠隔部分とその移動方向として遠近逆のものと知覚するとすれば逆回転視が生じると考えられるからである。

　ここでの実験のねらいは特定の対象に関しての奥行反転による逆回転視と反転視を調べることであった。即ち順回転視の状態では対象像の奥行知覚は

実際の通りの奥行視となり，逆回転視状態では対象像は実際とは逆の反転視となることを確かめることであった。そこで奥行反転による逆回転視と反転視に関する探索的な実験を試みた。

第2章 研究分野別 研究方法

ここでは先に述べた研究のねらいを実証するための研究方法を概観しよう。各研究分野の種々の実験に即応させるため実験装置や刺激に様々な改変を加えて用いてきたが，ここでは方法の詳細な変更については触れず，各研究分野の代表的な装置についてのみ紹介する。

紹介する各研究領域の実験は「ステレオグラムを用いた実験」と「実際の刺激対象を用いた実験」に大別されている。元々二種類の実験を実施した理由は両者の実験が方法や推論の仕方において多少異なっており，いずれの方法も奥行知覚の生起するメカニズムを解明する仕方として重要と考えられたからである。両者の相違を挙げるならば，ステレオグラムを用いる実験はそれ自体が奥行きを持たない刺激を使用して如何なる刺激から如何なる対象像が造られるか，それらの融像によって如何なる奥行知覚が得られるか等を実証しようとするものであり，他方実際の刺激対象を用いる実験は実際に奥行きのある対象を如何にして奥行のある対象として知覚することができるかを確かめるものということができよう。前者はどちらかといえば仮説からの演繹的推論に基づくものであるが，後者は事実からの帰納的推論に基づくものといえよう。

2-1 実験装置

A 正立視野における対象の立体視またはシュードスコープ視実験

1) 両眼の非交差視野における対象の立体視実験

両眼の非交差視野における対象の立体視実験を実施するため，視野を非交

差視野に限定する必要があった。両眼の視野を非交差視野に限定するため，視野調節器とそれを確認するための透明スクリーン（ウインドウ）を用いた。以下，対象がステレオグラム刺激の場合と実際の刺激対象の場合の実験装置の例を取り上げて概観する。

（ステレオグラム用装置）

　ブリュースター式ステレオスコープでは，中央に設置されている障壁が視野調節の役割を果たしていて視野調節器は不要であると考えられたので，この障壁に特製の透明スクリーン（ウインドウ）を取り付け非交差視野に限定されていることを確認して，両眼の非交差視野における刺激の立体視実験を実施した。非交差視野における2ドットのステレオグラム刺激の奥行知覚を検討した実験（太田，2014）の実験装置を示すことにしよう。

実験装置：半田屋製のステレオスコープを一部改造したもの（図Ⅱ-4参照）であり，プリズム，視野遮蔽板，刺激提示板等で構成されていた。設置されている視野遮蔽板に特製の透明スクリーン（ウインドウ）を取り付けるとと

刺激掲示板

視野遮蔽板
透明スクリーン
（ウインドウ）

プリズム

図Ⅱ-4　実験装置
注）左は展望図，右は上からの鳥瞰図。市販のステレオスコープに透明スクリーン（ウインドウ），支柱，刺激提示板のグリップ等を取り付けた装置である（太田，2014）。

もに支柱や刺激提示板をスライドさせるためのグリップ等を付けた。なお，視野遮蔽板および透明スクリーン（ウインドウ）は，表Ⅱ-1の一覧表にも示されている。

視野調節器：設置されている視野遮蔽板はそれぞれの眼と同側のステレオグラム刺激を眼に投入するものであり，反対側の刺激の投入を遮蔽するものと考えた。即ち交差視野からの刺激を遮蔽して非交差視野からの刺激に限定するものであった。

透明スクリーン（ウインドウ）：透明スクリーンは視野が非交差視野に限定されていることを確認するものであり，透明なプラスチック板（175mm×45mm×2mm）に2個の窓を開けたもので，板の中央側が方形になっている前方後円形（直径16mmの円に片方のみ角を付けた）の窓であった。窓の中心間の距離は37mmであった。スクリーンが透明なプラスチック製であるから，視野の全域からの刺激像を透過させることはできたが，窓を透過する像は鮮明な像であったので非交差視野像に限定されていることを確認することができた。この際，2個の前方後円型の窓枠像自体も重なって楕円形の像が形成されたので刺激の融像を確認することもできた。但し，実験前にこの確認を済ませて実験実施の際には，像を鮮明に見るため透明スクリーン（ウインドウ）を取り外すことにした。

プリズム：プリズムは半田屋製のステレオスコープに設置されているもの（縦横約35mmの方形，焦点距離約0.15m，屈折率約6.67度）であった。

（実際の刺激対象用装置）

次に，実際の刺激対象用の実験装置として非交差視野における3本のロッドの立体視を確かめる実験で使用した装置を例示する。この実験は元々交差視野および非交差視野におけるロッドの立体視を確かめる実験（太田，2010a）であったが，比較対照のために両眼の非交差視野における実験も実施したので，ここでは，その非交差視野における実験装置について紹介する。

80　第Ⅱ部　奥行知覚に関する実験

図Ⅱ-5　実験装置
注）左は展望図，右は鳥瞰図（太田，2010a）。図では刺激提示装置が左側に偏っているが，ここでは中央に設置されていた。

実験装置：特製の実験装置であり，レンズ，視野調節器，透明スクリーン（ウインドウ），および3本のロッドの提示装置等から成っていた。1個のプラスチック製の箱の蓋に視野調節器，レンズを取り付け，箱の中に透明スクリーン（ウインドウ）を内蔵し，背後には刺激提示装置を取り付けたものであった（図Ⅱ-5参照）。各部分を詳述すると次の通りである。

視野調節器：この視野調節器はシャッター板（遮蔽板）を左右にスライドさせることで視野を拡大または縮小させるものであり，これによって非交差視野に限定した像を透すことができた。具体的に述べると黒色のプラスチックの箱の蓋（162mm×80mm×1.5mm）に正方形（35mm×35mm）の穴を2個開け，それぞれ横方向にスライド可能なシャッター板（黒く被覆したプラスチック板）を取り付けたものであった。非交差視野に像を透すためにシャッター板を中央側に寄せて設定した。即ち左右の眼のそれぞれ鼻側10mmを閉め，耳側をその倍程度開けたものであった（表Ⅱ-1参照）。

透明スクリーン（ウインドウ）：視野調節器で限定した両眼の非交差視野像を確認するためのもので，透明なプラスチック板（140mm×45mm×2mm）に2個の窓を開けたものであった。それらは前述のような前方後円形の窓であ

り，窓の中心間の距離は55mmであった。このウインドウは，レンズから100mmおよび130mmの範囲内を移動可能であったが，この実験では約120mmの距離に垂直に立てた。窓を透過する像は一部ではあるが鮮明な像であり非交差視野像に限定されていることを確認することができた。前述のように，2個の前方後円型の窓枠像自体も重なって融像がみられ，楕円形の像が形成された。実験前に非交差視野像であることの確認を済ませて実験実施の際には被験者が像全体を鮮明に見るため透明スクリーン（ウインドウ）を取り外すことにした。

レンズ：レンズには眼鏡（レンズの焦点距離1m，屈折率1度）を用いた。レンズは前述のように，視野調節器より眼球寄りに取り付けた。

刺激提示装置：この実験では透明なプラスチックの箱（縦90mm×横90mm×80mm）の中に3本のロッド（外径5mm，長さ56mm）を垂直平行に立てた。このロッドの配置作成のため，1辺が12mmの正方形に6mm間隔で3行3列の方形を描き，その9交点の内，各行各列にそれぞれ1本のロッドが配置されるように3本のロッドを立てた（即ち無同列刺激配置）。但し対角線上の配列は除外した。この刺激配置を90度ずつ回転して4種類の刺激対象の配置を作成した。

　図Ⅱ-5では，刺激提示板の中央より左側に偏した位置に設定されているが，この実験事態では当然中央に設置したものであった。

2）片眼の交差視野と他眼の非交差視野における対象の立体視実験

　片眼の交差視野と他方の眼の非交差視野における対象の立体視に関する諸実験のうち，ドット刺激のステレオグラムを用いた実験と実際の刺激対象としてロッドを用いた実験について概観する。

　これらの実験では特製の実験装置を用いたが，ステレオグラム刺激用の装置は固定式であったが，実際の刺激対象を用いる際の装置は総ての装置をヘルメットに装着したものも用い，移動可能にした。

82　第Ⅱ部　奥行知覚に関する実験

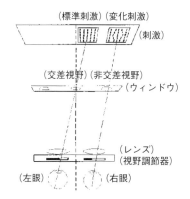

図Ⅱ-6 左眼の交差視野と右眼の非交差視野からの刺激像の立体視に関する実験装置および光の投射経路

注）ステレオグラム刺激を用いた立体視実験における視野調節器、ウィンドウおよびレンズ等の配置と刺激から両眼への光の投射経路を概略的に示す。

なお図Ⅱ-6ではステレオグラム刺激用の装置を用いて、右側に偏るステレオグラム刺激に関して左眼の交差視野と右眼の非交差視野における刺激からの光が眼に投射される模様を概略的に示している。

（ステレオグラム用装置）

2ドット刺激のステレオグラムを用いて交差視野および非交差視野からの像による立体視を確かめる実験（太田，2011）において使用した実験装置を例示する。これはレンズ、視野調節器、透明スクリーン（ウインドウ）、およびステレオグラムの刺激提示板等から成っていた。

実験装置：特製のステレオスコープが用いられた。接眼するプラスチック製の箱の蓋に視野調節器、レンズを取り付け、箱の中にスライド可能な透明スクリーン（ウィンドウ）を内蔵し、背後に刺激提示板を取り付けたものであった（図Ⅱ-7参照）。各部分を詳述すると、次の通りである。

視野調節器：この視野調節器は、非交差視野および交差視野からの光を透すために用いた。例えば右側に偏したステレオグラムを見るため左眼の交差視野からの光を透すように内側（鼻側）を10mm、右眼の非交差視野からの光を透すように外側（耳側）を約20mm開けて使用した。また刺激が左側に偏る場合は、反対に左眼の視野の耳側と右眼の視野の鼻側を開けたのである（表Ⅱ-1参照）。

透明スクリーン（ウインドウ）：左右の視野における交差視野と非交差視野からの光を透し、視野調節器で限定した視野像を確認するためのもので、透明

第 2 章　研究分野別　研究方法　83

←刺激提示板
　（ステレオグラム）

←ウインドウ

←レンズ
←視野調節装置

←顔面固定器

図Ⅱ-7　実験装置
注）左は展望図，右は鳥瞰図（太田，2011）。

なプラスチック板に3個の窓を開けたものである。中央のものは円形，左右のものは前方後円形であった。窓の中心間の距離は50mmであった。ただし，比較対照実験における中央視野に刺激を置いた事態での中心間の距離は27.5mmであった。ウインドウは，レンズから40mmから100mmの範囲内でスライド可能であり，ステレオグラムまでの距離に応じて調節して垂直に立てた。刺激が左側に偏っている場合は，3個の窓の内の左と中央の窓が使用された。左の窓は左眼の非交差視野像を，中央の窓は右眼の交差視野像を透していることを確認した。同様に刺激が右側に偏っている場合は，3個の窓の内の右と中央の窓が使用された。前方後円型と円形の窓の窓枠像自体も重なって融像され楕円形の像となった。但し，前述のようにこの透明スクリーン（ウインドウ）は実験前に確認を済ませた後に取り外すことにした。
レンズ：レンズは半田屋製のステレオスコープに装備されたプリズムを用いた。
刺激提示板：刺激提示板にはステレオグラムを上下から挟むためのレールを取り付けた。視野調節器から90mmから240mmまで移動可能であった。被験者は視力に応じて距離を調節した。

(実際の刺激対象用装置)

次に，実際の刺激対象を用いて，交差視野および非交差視野からの3本のロッドの立体視を確かめる実験（太田，2010）において使用した装置について述べる。これは図Ⅱ-5で示した非交差視野における実際の刺激対象用の装置とほぼ同じであるから，特に前述と異なる点のみ述べておこう。この装置はレンズ，視野調節器，透明スクリーン（ウインドウ）および3本のロッドの刺激提示装置等から成っていた。レンズは屈折率が小さく，ほとんど必要としない程度であった。

実験装置：特製の実験装置を用いた。
視野調節器：この視野調節器は，非交差視野および交差視野の像を透すために用いた。前述のステレオグラムの実験で使用した場合のようにシャッター板を開閉して用いた。表Ⅱ-1に示すごとく，対象の位置に伴って，両方の長方形の穴の片側をシャッター板で閉じ，非交差視野用には約20mm，交差視野用には10mm開けることにした。
透明スクリーン（ウインドウ）：前述の通り，透明なプラスチック板に3個の窓を開けたもので，中央のものは円形，左右のものは中央側が方形の前方後円形であった。ただし，窓の中心間の距離は27.5mmであった。

3）両眼の交差視野における対象のシュードスコープ視実験

両眼の交差視野における対象のシュードスコープ視に関する諸実験のうち，ステレオグラム刺激を用いた場合と実際の刺激対象としてロッドを用いた場合について概観する。

(ステレオグラム用装置)

ここでは，2本の柱および若干の線形図を刺激とするステレオグラムを用いて交差視野からの像によるシュードスコープ視を実証しようとした実験（太田，2012）において使用した実験装置を例示する。これは視野調節器，透

明スクリーン（ウインドウ），およびステレオグラムの刺激提示板等から構成されていた。

実験装置：特製のステレオスコープを用いた。3個のプラスチック製の箱が用いられたが，接眼する側の2個の箱は刺激までの距離を維持するためのもので，3個目の箱の蓋に視野調節器を取り付けた。箱にはスライド可能な透明スクリーン（ウインドウ）を内蔵した。その背後に刺激提示板を取り付けた。各部分を詳述すると，次の通りである。

視野調節器：交差視野からの像に限定するための視野調節器を用いた。箱の蓋に120×35mmの長方形の穴を中央に開け，左右にスライド可能な2枚のシャッター板を取り付けた。この両シャッター板を用いて左右それぞれ10mmずつ間隙を作り，中央に都合20mm間隔開けて用いた。この中央のシャッター板の間隙は，両眼の交差視野像に限定して透すことができた（表Ⅱ-1参照）。

透明スクリーン（ウインドウ）：視野調節器で限定された視野像が，交差視野からの像であることを確認するために透明スクリーン（ウインドウ）を用いた。透明なプラスチック板の中央に丸い穴を1個開けたものを用いた。これは前後にスライド可能であった。窓を透過する像は一部ではあるが鮮明な像であり，交差視野像に限定されていることを確認することができた。この際，左右の眼の円形の窓枠像自体も重なって融像され一つの円形の像となった。前述の通り，この透明スクリーン（ウインドウ）は実験前に確認を済ませて実験実施の際には取り外すことにした。

刺激提示板：被験者は視力に応じて距離を調節したが，当初は視野調節器から約240mmのところに立てた。なお，ステレオグラムの左右の刺激間隔は2mmと狭く，極めて接近させたものを用いた。

（実際の刺激対象用装置）

実際の刺激対象を用いて，両眼の交差視野からの像によるシュードスコー

プ視を確かめる実験（太田，2013）において使用した装置を例示する。特製のシュードスコープを用いた。それは視野調節器，透明スクリーン（ウインドウ），刺激提示装置等から成っていた。

実験装置：特製のステレオスコープを用いた。4個のプラスチック製の箱を用いた。接眼する箱の蓋にのぞき窓を開けた。続く3個の箱は刺激までの距離を維持するためのもので，最後の箱の蓋に視野調節器を付け，箱の中に透明スクリーン（ウインドウ）を内蔵した。背後に刺激提示装置を取り付けた。各部分を詳述すると，次の通りである。

視野調節器：視野調節器は左右の眼の視野を交差視野に限定して透すために設けられた。黒色のプラスチック板に長方形の穴を開け，左右それぞれ横方向にスライド可能な2枚のシャッター板を開閉して，視野を拡大，縮小させることができた。本実験では，シャッターを用いて左右の眼のそれぞれ鼻側に10mmの間隙を開けた（表Ⅱ-1参照）。なお，視野調節器ののぞき窓側に上下に開閉するシャッターを付けた。刺激提示装置を回転させて特定の刺激を設定するまでの間，このシャッター板を閉めておくことにした。

透明スクリーン（ウインドウ）：透明なプラスチック板に1個の円形穴を中央に開けたものであった。全体が透明なプラスチック製であるから，限定された視野の全域からの刺激像を透過させるが，中央の円い穴は交差視野からの刺激像であることの標識となった。窓を透過する像は一部ではあるが鮮明な像であり，交差視野像に限定されていることを確認することができた。この際，2個の円形の窓枠像自体も重なって融像され一つの円形の像となった。但し，実験中は鮮明な像を得るため，交差視野からの像であることを確認後は，透明スクリーン（ウインドウ）を外すことにした。

刺激提示装置：透明なプラスチックの箱（縦60mm×横60mm×55mm）の中に，3本のロッドを垂直平行に立て，これを90度ずつ回転させ，4方向からの異なるロッド配置を作成し，4種類の無同列刺激[8]を作成した。但し対角線上の配列は除外された。

B　逆転視野における対象の立体視実験

ここでは主として逆転視野における対象の立体視実験で用いられた逆転視野眼鏡について述べるが，逆転視野眼鏡，正立視野眼鏡および反転視野眼鏡はビデオカメラを装着する位置および方向の違いによるものであり本体は同じものであった。即ち正立視野眼鏡ではカメラの回転を行わず，カメラと液晶画面との相互の左右が揃っていた。逆転視野眼鏡ではカメラを左右入れ替えるとともにそれぞれを180度回転し，カメラと液晶画面の位置は上下左右が逆になっていた（図Ⅱ-8および図Ⅱ-9参照）。反転視野眼鏡では，正立視野眼鏡のカメラをそのまま左右を入れ替えたもので液晶画面とは左右が異なっていた。このように逆転視眼鏡を用いた逆転立体視実験，正立立体視実験および反転視野眼鏡を用いたシュードスコープ視実験ではカラービデオカメラのみを操作してそれぞれ液晶画面上に映写したのである。

逆転視野眼鏡，正立視野眼鏡および反転視野眼鏡は，カラービデオカメラ，

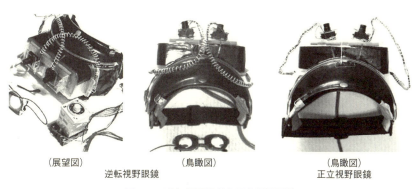

（展望図）　　　　　（鳥瞰図）　　　　　　（鳥瞰図）
　　　　　　逆転視野眼鏡　　　　　　　　　正立視野眼鏡

図Ⅱ-8　逆転視野眼鏡と正立視野眼鏡

注）逆転視における奥行知覚に関する一実験（XV）（太田，2009）において使用したものである。なお，この実験では正立視野眼鏡も比較対照実験において用いた。

8）図Ⅱ-5の実験装置の中の刺激提示装置に関する記述を参照されたい。

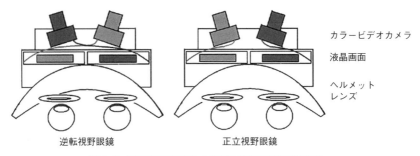

図Ⅱ-9　逆転視野眼鏡および正立視野眼鏡の構造図
注）逆転視野眼鏡は正立視野眼鏡の左右のビデオカメラを入れ替え，それぞれのカメラを180度回転させたものである。

　液晶画面をヘルメットまたは固定装置に装着したもので，接眼するレンズ（焦点距離約6cm，約17度）を透して液晶画面を見ることにした。
　実験を重ねる過程で幾度となく装置本体の改良を加えてきたので，改良の過程を概観しておこう。
　2001年の実験では，ビデオカメラとしてSONYの（CCD-MC100）を，液晶画面にはSEIKOのカラーテレビ（LVD232）の表示部を使用し，これらを半田屋製の実体鏡に装着した。2002年の実験からはビデオカメラとしてWEC AMERICA CORP製のLCL-613を用いた。液晶画面は従来のものを使用してそれらをヘルメットに装着した。2004年の実験からはビデオカメラは従来のものであったが液晶画面をLILLIPUTの（212GL-20NP）に，2008年の実験からはビデオカメラをワテック社製のWAT230VIVIDに変更し，その後は概ねこの実験装置を用いたのである。電源については当初から100vの電源を用いていたが，2006年の歩行課題の実験を行う場合等では充電式単3型電池24本（各カメラ用に4本，各液晶画面用に8本）を使用して携帯可能なものにした（図Ⅱ-10参照）。
　実験で用いられた逆転視眼鏡および正立視眼鏡等では，ビデオカメラの方向を変更して視野を調節することが必要であった。この際両ビデオカメラは

図Ⅱ-8および図Ⅱ-9に示されるように，やや視野の外方向を向ける必要があった。内方向にすると液晶画面上の映像が鮮明なものとはならなかったのである。この理由は次のように考えられる。双眼鏡等によって直接対象を両眼でみる場合には左右の映像が重なるとき，両眼の交差視野と非交差視野の中心を網膜の中心窩に揃えるように調節することが可能であるが，液晶画面に映される映像は固定的であり，網膜の中心窩に非交差視野と交差視野の中心を合わせるよう調節することが困難である。このため非交差視野に限定して，そこに交差視野の混入しないように像を映す必要があったため，ビデオカメラの方向はやや外側を向いたものとなったと考えられる。したがって，この理由が妥当だとすれば視野調節器を用いて視野を調節してはいない

図Ⅱ-10 逆転視野眼鏡の装着図
注）筆者が迂回歩行課題において装着した様子である（太田，2006a）。

ものの，この視野眼鏡を用いた実験での対象像は総て非交差視野像であったと見做されるのである。

C 運動視差による奥行知覚実験

筆者が行った実験（太田，2018）では，図Ⅱ-11に示すように2種類の無同列[9]の3本の垂線ロッドを用いた。その2種類の配列は互いに裏側から見るときの配列であった。図Ⅱ-11に示すように3本ロッドを左右に約13cmスライドさせることによって運動視差を生起させた事態とスライドしない静止事態と比較して運動視差によって奥行きの知覚がどれほど正確に行われるかを調べた。ここでは単眼における運動視差による奥行知覚を調べる実験であったので，単眼に制限するための単眼用窓（35×25mm）および上下に開閉す

9）図Ⅱ-5の実験装置の中の刺激提示装置に関する記述を参照されたい。

90　第Ⅱ部　奥行知覚に関する実験

図Ⅱ-11　実験装置

注) 左の図は展望図, 右の図は鳥瞰図である。単眼用の窓とそれを開閉するシャッターおよび3本ロッドを左右に移動させる装置を示す（太田，2018）。

るシャッターを使用した。

D　奥行反転による反転視実験

　筆者が2014年に行った実験（太田，未発表論文）では，以前に用いたネッカーの立方体に代え，それに類する三角錐の線形模型を用いた。模型の一か所に標識を取り付けてその標識の奥行の知覚を調べた。模型を背景の白いスクリーンの前に設置し，一定の速度を保ちながら模型を右回りに回転させた。白いスクリーンの前に置かれたから模型のシルエットに近い対象像が眼に映るという状況であった。被験者はその状況下において模型の右回りの回転を知覚（順回転視とする）することが可能であったし，模型の立体視を認めることができた。また時に左回りの逆回転視が生起し，それと共に奥行（遠近）反転による反転視を認めることができた。

　この実験において使用した実験装置は，前述の図Ⅱ-5に示す装置からレンズやウインドウ等を取り外し，両眼用の窓を単眼用窓に取り変え，刺激提示装置を回転盤および線形模型にした程度の相違点しかないので，ここでの紹介は省略する。

なお線形模型を回転させるための回転盤は wayo KK 製のカラム I を用いた。この回転盤の1回転の所要時間は約11.2秒であった。

2-2 視野調節器および透明スクリーン（ウインドウ）

これまで実験装置を研究分野別に概観してきたが，実験装置の主要な部分を成す視野調節器および透明スクリーン（ウインドウ）の役割について，改めて纏めておくことにしよう。

実験に関連する特定の視野を限定する方法として，幾多の実験では視野調節器を用いてきた。そして視野調節器によって特定の視野に限定されたことを確認するため，透明スクリーン（ウインドウ）を用いてきた。この視野調節器は左右にスライド可能な2枚のシャッター板を用いて，視野の一部を遮蔽して特定の視野に限定する簡単な装置であった。透明スクリーン（ウインドウ）は透明なプラスチック板に1個から3個までの穴を開けたものであり，中央に開けられた穴は円形，左右の穴は中央側が方形で周辺側が円形の前方後円形であった。中央の円形の穴を通過する光は注視点を挟んで眼の位置とは左右反対側の交差視野からのものであり，左右の前方後円形の穴を通過する光は眼の位置と同側の非交差視野からのものであった。透明スクリーンであるから視野調節器によって限定された視野の全体を見ることは可能であったが，対象像の限定された視野の一部分は穴を透して鮮明に見ることができたので，限定された特定の視野からの像であることを確認することができた。さらに例えば2個の前方後円型の窓の枠像または前方後円型と円形の窓の枠像が重なるときにはそれら自体が融像して楕円形の枠像となった。2個の円形の窓の枠像が重なるときには円形の枠像となった。このように2個の穴の枠像自体の融像が生じるときには対象像の融像も生起するので，対象像の融像が可能であることを確認するためのめやすともなった。なお実験分野ごとに求められる視野とそのための視野調節器および透明スクリーン（ウインド

ウ）は，表Ⅱ-1に纏めて示されている。

実験に際しての視野調節器の設定および透明スクリーン（ウインドウ）の選択は視覚伝達路の損傷と視野の欠損との関係や大脳視覚野の損傷と視野の欠損との関係を示す研究結果と密接に関わるものと考えられた。

前述のとおり Homans (1940, *op.cit.*) は右眼の非交差視野と左眼の交差視野における対象からの光がそれぞれの眼の網膜に投射され，その刺激が大脳の左半球の視覚野に至る伝達路を例示し，その過程での損傷によって視野が欠落する領域を図Ⅰ-5のように示したのである。その図のBにおける損傷では両眼からの交差神経が損傷を受けるから非交差視野が欠落する。Cにおける損傷では左眼からの非交差神経が損傷を受けるから左の交差視野のみ欠落する。Dにおける損傷では右眼からの交差神経と左眼の非交差神経が損傷を受けるから，右眼の非交差視野と左眼の交差視野が欠落する。Gにおける損傷によってもDの場合と同様の視野の欠落が生じるが，ここでは中心窩の視野部分の欠落は免れている。

表Ⅱ-1は筆者の実験における視野調節と視野欠損との対応を概観したものであるが，Homans の結果と共に Blake, R. と Sekuler, R. (2006, p.121) の神経伝達路の疾患による視野の欠損の3（視神経交差での損傷）および4（左内側頚動脈瘤による損傷，左の非交差神経の損傷）を示している。なお Blake らは Homans の図のD部分の損傷に対応する例を示していないので，Weiskrantz, L. (1986, p.23) の半盲研究に関する結果を挿入した。ただこの研究は第一次視覚野の損傷に関するものであるからD部分の損傷とは異なるし，また Homans の図のD部分の損傷とは左右反対の例ではあるが敢えてDに対応させて示している。

これら視覚伝達路損傷に関する生理学的事実は，筆者の行った実験での視野調節器のよる視野閉鎖と対応させることが可能であろう。神経伝達路の損傷が視野の欠損をもたらすという因果関係とは逆の関係を推論することになるのであるが，視野調節による視野の閉鎖が視神経伝達路の損傷を含めた広

範な障害と同等の影響を及ぼすと推論することは可能であろう。

　先ず両眼の非交差視野からの対象像の融像による立体視を検証しようとするとき両眼の交差視野を閉じる必要がある。そこで視野調節器により両眼の鼻側の視野を閉じて，大脳視覚野の図Ⅰ-7で示す英小文字のa，b，c，dで表される全領域の働きを止めることになる。このように両眼に投射される交差視野を閉鎖することで可能であるという推論は，Homansの図のCで示される視覚伝達路の損傷が両側において生じた場合に相当する。

　また，対象が視野の中央より左側に偏った位置にあり，左眼の非交差視野像と右眼の交差視野像を融像させる立体視を検証しようとするとき，左眼の交差視野と右眼の非交差視野を閉じる必要がある。そこで視野調節により左眼に鼻側から投射される交差視野と右眼に中央から耳側の方向より投射される非交差視野を閉じて大脳視覚野の図Ⅰ-7で示す左半球視覚野のC，D，c，dで表す領域の働きを止めることになる。このように右眼の非交差視野と左眼の交差視野を閉鎖することで可能であるという推論は，Homansの図のDで示される視覚伝達路の損傷が生じた場合に相当するものである。

　また，両眼の交差視野からの対象像の融像によるシェードスコープ視を検証するとき両眼の非交差視野を閉じる必要がある。そこで視野調節器により両眼の中央から耳側の方向より投射される非交差視野を閉じて，大脳視覚野の図Ⅰ-7で示す英大文字A，B，C，Dで表される全領域の働きを止めることになる。このように両眼に投射される非交差視野を閉鎖することで可能であるという推論は，Homansの図のBで示される視覚伝達路の損傷が生じた場合に相当するものである。

94 第Ⅱ部　奥行知覚に関する実験

表Ⅱ-1　実験分野別　視野調節装置，視野および視野欠損

実験分野と実験に関与する視野と眼の網膜領域	実験装置の視野調節器	実験装置の透明スクリーン（ウインドウ）	損傷部位と視野測定[10] Homans, J.	疾患等による損傷と視野欠損[11] Blake, R. and Sekuler, R
(1) 非交差視野・非交差視野 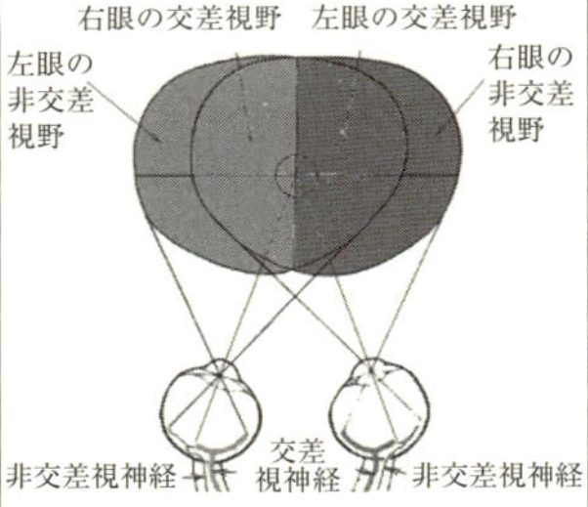 プリューースター式ステレオスコープ	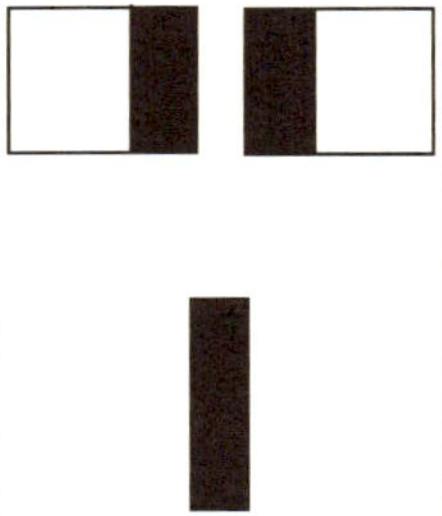	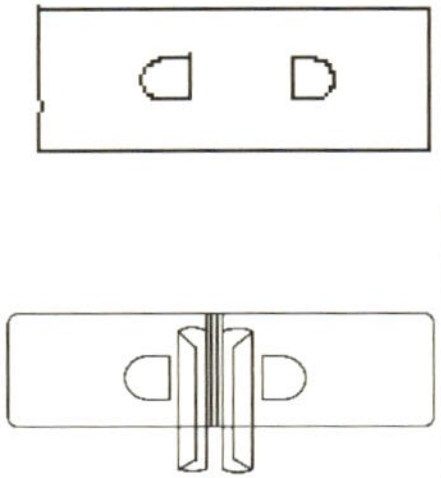	C 左眼の鼻側半盲症[13] 	4 左(内)側頭動脈瘤 [14] 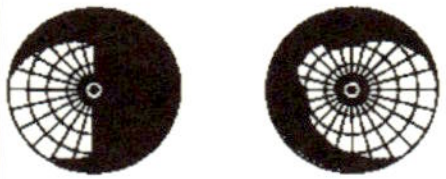
(2) 非交差視野・交差視野 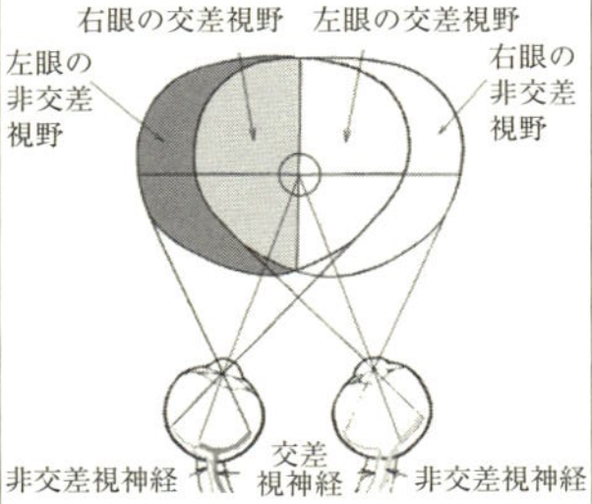		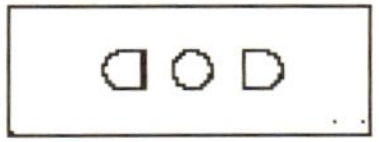 中央部で遮蔽板に装着	D 右同側半盲症 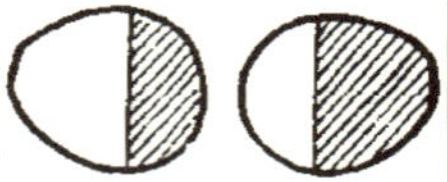 視神経交叉後の左軸索損傷例	脳の右半球後頭葉一部（有線領皮質）切除 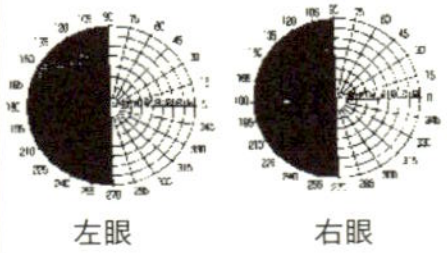 Weiskrantz, L. (1986)[15]

第2章 研究分野別 研究方法

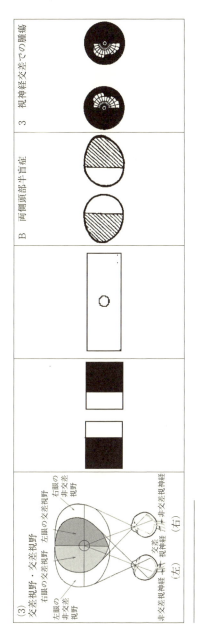

10) 解剖学的処置による視野損傷を示す。図の濃く塗られた領域は、視覚のない視野領域を示し、塗られていない領域は、視覚の働いている領域を示している。Homans, J. (*op.cit.* p.539) より引用。
11) 疾患等による視野損傷を示す。Blake, R. and Sekuler, R. (*op.cit.* p.121) より引用。
12) ブリューノスターレオスコープでは交差視野からの像は障壁で遮られているから、この障壁が視野調節器の役割を果たしているとみることができる。
13) 左眼の非交差視神経の損傷にも同様の欠損を示すが、右眼にも同様の損傷が重なった場合は、両眼の交差視野の欠損事態となる。
14) 右眼の非交差視神経の動脈瘤による視野欠損を示すが、右眼にも同様の動脈瘤で発症した場合、両眼の交差視野の欠損事態となる。
15) Weiskrantz, L. (*op.cit.* p.23) より引用。視覚の働いている領域が実験分野の視野とは反対の例で引用した。なお Weiskrantz, L の取り上げた症例については、本田仁視 (2007) に詳しく紹介されている。

第3章　研究分野別　実験結果

　ここでは研究分野ごとに筆者の実施した実験の内，代表的な実験結果の概要を簡単に述べることとするが，各実験のねらいや使用した実験装置，実験課題等についても簡単に触れ，実験の実施期日や被験者，発表年を付記する。この被験者数には予備検査の結果によって有効と判断して本実験を実施した被験者の数が多くの場合に記載されている。

　またAの各研究分野およびBの一部ではステレオグラムを用いた実験および実際の刺激対象を用いた実験の別に述べる。各実験には通し番号が付けられているが，実験結果として掲載した図表にも通し番号と同一番号が付けられている。各研究の詳細は参考文献に掲載されている研究報告等を参照されたい。

A　正立視野における対象の立体視またはシュードスコープ視実験

1）両眼の非交差視野における対象の立体視実験

　両眼の非交差視野における対象の立体視実験の内のステレオグラムを用いた実験では市販のブリュースター式ステレオスコープや特製のステレオスコープが用いられた。

(ステレオグラムを用いた実験)

(1) ドット刺激　知覚課題

　市販のステレオスコープに透明スクリーン（ウインドウ）を付設した装置を使用して，両眼の非交差視野におけるドット刺激から成るステレオグラムの立体視を確かめるため実験を行った。ステレオグラムのドット刺激は1ドット刺激，2ドット刺激，3ドット刺激，ランダムドット刺激1（下條信輔，

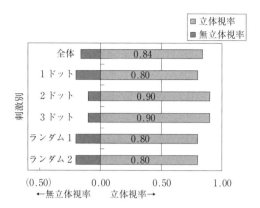

(1) 非交差視野の刺激別　立体視率及び無立体視率

1995),ランダムドット刺激 2 (Julesz, 1971) の 5 種類であった。なお 1 ドット刺激は刺激枠に対しての奥行知覚であった。

非交差視野における刺激の全体の立体視率は84％でかなりの高さであった。刺激別にみると，1ドット刺激は80％であったが，2ドット刺激および3ドット刺激の立体視率は90％で相当高かった。ランダムドット刺激ではいずれも80％であった。

これらの結果，両眼の非交差視野におけるステレオグラム刺激による立体視を検証することができた。なおこの研究は両眼の交差視野における対象のシュードスコープ視実験の比較対照実験[16]として実施したものである。

2011年7月実験実施，被験者は男女10名（太田，2012a）。

(2) 右眼刺激のスライド型　垂線刺激　知覚課題

市販のステレオスコープおよびスライド型ステレオグラムを用いて非交差

---

16) この比較対照実験は単なる比較をするために行われた実験であっていわゆる対照実験ではない。即ちブリュースター式ステレオスコープを用いた非交差視野における立体視に関する実験結果を一つの立体視成立のめやすとして，両眼の交差視野における対象のシュードスコープ視に関する実験結果を比較対照するため実施した実験である。

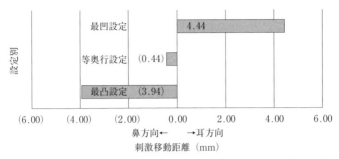

(2)-1 等奥行時, 最凸奥行時または最凹奥行時の刺激の平均移動距離 (mm)

注) 移動距離は両眼視差を示すものである。

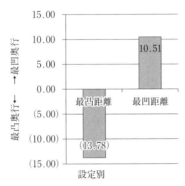

(2)-2 最凸奥行, 最凹奥行評定平均値 (mm)

視野における2本の垂線刺激の間隔を変化させて, その移動に伴う視差の変化によって生じる両眼視差と刺激像の奥行知覚との関係を検討しようとした。2本の垂線刺激の内右眼用刺激の左側の垂線を鼻方向または耳方向に移動させて奥行知覚の変化をみた。この垂線の移動距離は両眼視差に相当するものであった。

実験結果は図(2)-1および図(2)-2に示されている。図(2)-1では垂線の鼻方向の移動を負の値で, 耳方向の移動を正の値で示している。また図(2)-2で

は凸の奥行知覚即ち浮き出る知覚を負の値で，凹の奥行き知覚即ち沈み込む知覚を正の値で示している。

最初に2本の垂線を等奥行に設定させると，若干鼻方向（－0.44mm）にあるものの，ほぼ原点近辺になった。次に左側の垂線を鼻方向に移動させると，それに伴って垂線像は次第に浮き出た。そして垂線像が最大凸に達するまで鼻方向へ移動させるとき，その位置（両眼視差）は－4mm弱となった。そしてその時の垂線像の奥行き評定値は平均－14mm弱となった。次に当垂線を耳方向に移動させるとき，それに伴って垂線像は次第に沈み込んでいった。最大凹設定時の位置（両眼視差）は4mm強となった。そしてその時の垂線像の奥行の評定値は平均10mm強となった。しかし，これらの奥行の評定は総じてかなり直観的，蓋然的であった。

以上の結果，右眼用垂線刺激の左側刺激を鼻方向へ移動させ視方向を鼻側にズラして両眼視差を発生させると，その程度に応じて浮き出るまたは眼に接近する奥行知覚が生じ，耳方向に移動し視方向を耳側にズラして両眼視差を発生させると，その程度に応じて沈み込むまたは眼から遠ざかる奥行知覚が生じた。これらの結果は視点整合による理解を支持するものであった。

2015年12月実験実施，被験者は男女9名（太田，2016）。

(3) 両眼刺激の相反方向スライド型　垂線刺激3　知覚課題

市販のステレオスコープおよび相反方向スライド型ステレオグラムを用いて，非交差視野における2本の垂線刺激のうち右眼用と左眼用のいずれも右側の垂線を左右相反方向に同じ距離をスライドさせるとき，その程度に応じて奥行知覚が変化することを確かめようとした。両眼の刺激が全く同じ刺激間隔の状態から開始し，両眼刺激の右側刺激のみ左右相反方向に移動させるときの左右の眼の移動距離の和は両眼視差に相当するものであった。

実験結果は図(3)-1および図(3)-2に示されている。図(3)-1では垂線の鼻方向の移動を負の値で，耳方向の移動を正の値で示している。また図(3)-2で

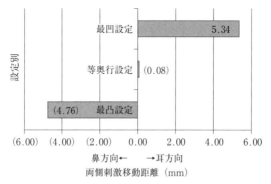

(3)-1 等奥行時，最凸奥行時および最凹奥行時の刺激の平均移動距離 (mm)
注）移動距離は両眼視差を示す。

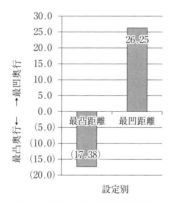

(3)-2 最凸奥行，最凹奥行評定平均値 (mm)

は凸の奥行知覚即ち浮き出る知覚を負の値で，凹の奥行き知覚即ち沈み込む知覚を正の値で示している。

　最初に2本の垂線を等奥行に設定させるとほぼ原点 (0.08mm) になった。次に左右の垂線を鼻方向に移動させると，それに伴って垂線像は次第に浮き出てきた。そして垂線像が最大凸になるまで移動させた。その位置は

－5mm 弱となった。そして評定値は平均－17mm 強となり、浮き出る奥行知覚を示していた。次に左右の垂線を耳方向に移動させるときには、その移動に伴って垂線像は次第に沈み込んでいった。そして垂線像が最大凹になるまで移動させた。その設定位置は5mm 強となり、その時の奥行知覚の評定値は平均26mm 強と凹知覚となった。しかし、総じてこれらの奥行の評定はかなり直観的、蓋然的であった。

　以上の結果、両眼の右側垂線刺激の相反方向移動に伴う視方向の鼻側にズラせて視差の変化および両眼視差が発生させると、その程度に応じて浮き出るまたは眼に接近する奥行知覚が生じ、耳方向に移動して両眼視差が発生させると、その程度に応じて沈み込むまたは眼から遠ざかる奥行知覚が生じた。この結果は視点整合による理解を支持するものであった。

　2015年9月および2016年3月実験実施、被験者は1回目男子2名、2回目男女10名、計男女12名（太田、2016）。

(4) スライド型ステレオグラムの輻輳角内垂線刺激　知覚課題

　市販のステレオスコープおよび刺激間隔がスライドするスライド型ステレオグラムを用いて、非交差視野における2本の垂線刺激の内の垂線Bが垂線Aの輻輳角内に位置する場合、垂線B像の位置を移動させた時の奥行知覚について確かめようとした。

　垂線B像を移動させるためにステレオグラム刺激の左右のB刺激を同方向に同距離スライドさせた。実験では、二つの像が等奥行きとなる垂線B像の位置およびその時の2像の奥行知覚、左右のそれぞれの像が最凸となる垂線B像の位置およびその時の2像の奥行知覚が調べられた。

　実験結果は左右の像が等奥行きとなるときのB刺激の位置は90mm 強、右像が最大凸（浮き出る）となるときの位置は140mm 強であり等奥行きとなる位置よりかなり大きくなったが、左像が最大凸となるときの位置は90mm 弱となり等奥行きとなる位置よりわずかに小さい程度であった。左右

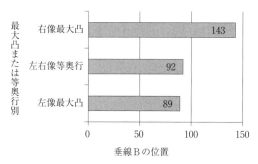

(4)-1 最大凸または等奥行知覚の得られる垂線Aの輻輳角内における垂線Bの位置（単位：mm）

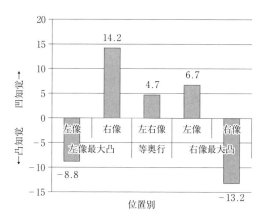

(4)-2 垂線Aの輻輳角内における垂線Bの位置別像の最大凸または等奥行き知覚（単位：mm）

像の奥行知覚を見ると等奥行知覚となるときは5mm弱の凹知覚となった。右像の最大凸知覚（負の値は凸知覚）は−13mm強で大きかったが，その時の左像は7mm弱の凹知覚であった。左像の最大凸知覚は−9mm弱，その時の右像は14mm強の凹知覚であった。これは像のいずれか一方が最大凸となる位置は内外接点にあるときであり，その時他方の像は最凹となりAの位

置に達するという傾向を示すものであった。

　以上の結果，刺激の垂線がいずれも黒線であったので像が垂線Aと垂線Bが重なる像である事実は認められなかったが，垂線Bの左右の移動に伴って，一方の像が最大凸のとき他方の像は逆に最大凹知覚となるというように2つの像が交互に凹凸する傾向を示した。このことは垂線A像と垂線B像が重なる2つの像（左像と右像）が垂線A像から両内外接点までの視線上を交互に往復するように知覚されるという仮定やB刺激が等奥行きとなる位置を左右に偏る程度に応じて左像と右像の内の一つの像は凸に，他の像は凹に知覚されるという仮定をほぼ支持するものであった。

　2013年12月10日実験実施。被験者は男女6名（太田，未発表論文）。

（実際の刺激対象を用いた実験）

(5)　輻輳角内ロッドの知覚課題

　視野調節器および透明スクリーン（ウインドウ）内蔵の特製の実験装置を用いて，非交差視野内の2本のロッドについて，ロッドBがロッドAの輻輳角内に位置する場合の奥行知覚を検証しようとした。

　ロッドAの輻輳角内におけるV線（両眼と平行する線）上を左右にロッドBを移動させ，二つの像（右側の像e_1および左側の像e_2像）の一方が最大凸となる点および等奥行きとなる点のそれぞれの位置とe_1およびe_2像の奥行知覚を調べた。先述のようにロッドAおよびロッドBの重なるe_1およびe_2像が両ロッドへの両眼視線（またはその延長線）上の交点において結像し，両輻輳角内外接点（両眼のロッドAに対する視線とV線との交点）とロッドAの間をe_1およびe_2像が交互に移動すると仮定した。そしてまた等奥行きと知覚されるときのロッドBの位置はV線上の両輻輳角内外接点の中間点となり，e_1およびe_2像の一方が最大凹となってロッドAに位置に結像するとき，他方は最大凸となって輻輳角内外接点に結像すると仮定した。

　実験結果をみると，図(5)-1および(5)-2のようになった。V線（ロッドB像

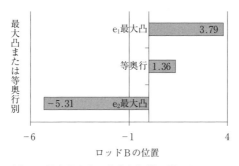

(5)-1　最大凸または等奥行知覚の得られるロッドAの輻輳角内におけるロッドBの位置（単位：mm）

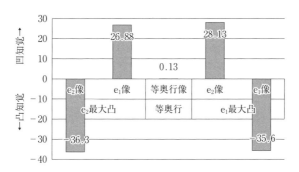

(5)-2　ロッドAの輻輳角内におけるロッドBの位置別　像の最大凸または等奥行知覚（単位：mm）

の位置する線）上の輻輳角内中点から右方向への移動を正の値，左方向への移動を負の値とすると，2像が等奥行に知覚される位置は実際には1mm強正の値に偏っていた。このとき実際のロッドAとロッドBは前後に並んだ状態であるが，凸知覚を負の値，凹知覚を正の値とすると，2像の奥行知覚は0.1mm強であった。e_1像の最大凸（浮き出し，負の値）となる位置は右方向に4mm弱であり，e_2像の最大凸となる位置は左方向に−5mm強であった。最大凸知覚となる位置はe_2がe_1よりやや大であった（図(5)-1）。e_1の最大凸

知覚は-35mm強となり，そのときのe_2像は28mm強と凹（沈み込み，正の値）知覚となった。e_2の最大凸知覚は-36mm強と著しく，そのときのe_1像は26mm強と凹知覚となった。しかし沈み込みの程度は相対的に小さいものであった（図(5)-2）。

以上の結果，二つのロッド像の互いに重なる像である点は明確ではなかったが，e_1およびe_2像が想定された通りの軌跡上を移動することや奥行知覚が変動する等が確認され，仮定がほぼ実証された。

2014年および2015年3月実験実施。被験者は男女8名（太田，2015，p.541）。

2）片眼の交差視野と他眼の非交差視野における対象の立体視実験

片眼の交差視野および他眼の非交差視野における対象の立体視を確認するため，ステレオグラムおよび実際の刺激対象について実験が実施された。また比較対照のため対象が中央に在る場合の非交差視野における立体視実験も実施され，その結果は既に個別に述べたのであるが，ここでも比較のため添えられている。

（ステレオグラムを用いた実験）
(6) 偏在するドット刺激　知覚課題

視野調節器および透明スクリーン（ウインドウ）内蔵の特製の実験装置を使用して，左右に偏在するステレオグラム刺激の立体視を確かめようとした。ステレオグラムを用いて一方の眼の交差視野および他方の眼の非交差視野からの像の融像を確かめることが実験のねらいであった。

2ドット刺激（図中では2点図形），「と」の文字の浮かぶドット刺激[17]，ランダムドット1，ランダムドット2[18]の4種類のドット刺激のステレオグラムを用いた。

実験結果をみると，左右の偏した位置に置かれた刺激と中央に置かれた刺激を比較すれば左側に偏した刺激では，立体視率は全体で100％弱と極めて

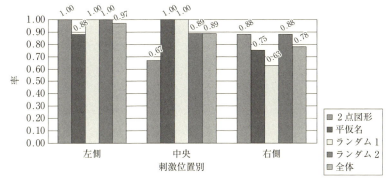

(6) 刺激偏在位置別　刺激別　立体視率

高く，2ドット刺激，ランダムドット1，ランダムドット2ではいずれも100％であった。右側に位置に置かれた刺激の立体視率が全般に低く，立体視率は全体で80％弱であり，2ドット刺激，ランダムドット2では90％弱と高かったが，最も低いランダムドット1では60％強程度にとどまった。中央に置かれた刺激の立体視は，ランダムドット1刺激では100％であったが，ランダムドット2では90％弱，2ドット刺激では70％弱に過ぎなかった。

これらの結果から，両眼の交差視野と非交差視野の二つの視野からの対象像の立体視を検証することができた。視野の左右に偏して置かれた刺激の立体視に若干の差があり，刺激別の差異もややあるものの，幅広い視野における対象の立体視が可能であり，中央における非交差視野内の刺激の立体視に殆ど遜色がないことを裏づける結果となった。

2010年3月および7月実験実施，被験者は男女25名（太田，2011）。

17）半田屋製 No.8で，「と」の文字が浮き出るドット刺激。「と」の字のドット刺激が右の刺激に追加されて左の刺激が作成されている。「と」の字のドット刺激が左の刺激のみに含まれるという作成方法は所謂ランダムドット刺激のそれとは相違しており，両眼視差を生じさせる立体視用の刺激とは異なるものといえよう。
18）ランダムドット1，ランダムドット2は実験(1)で用いたものと同じ。

108　第Ⅱ部　奥行知覚に関する実験

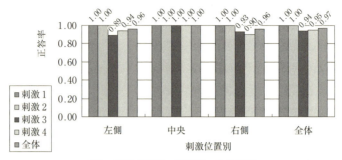

(7)　刺激位置別　刺激別　立体視率

注）刺激の配列順は第一刺激から第四刺激への順である。

(実際の刺激対象を用いた実験)
(7) 偏在する垂直平行ロッド知覚課題

　視野調節器および透明スクリーン（ウインドウ）内臓の特製の装置を使用して，左右に偏在する3本の垂直平行ロッドの立体視を確かめようとした。
　無同列配置（3行×3列の等間隔平行線の交点の内，各行と各列に1本ずつのロッド配置。図Ⅱ-5に示す刺激提示装置に関する記述を参照。）の3本の垂直なロッドを90度ずつ回転して作成した4種類のロッド刺激が用いられた。被験者にとって最も接近するロッドから順に並べて刺激名とした。例えばCRL刺激は中央のロッドが最も接近し，次が右ロッド，最も遠くに左ロッドが配置される刺激であった。4刺激の第一刺激がCRL，第二刺激がCLR，第三刺激がRLC，第四刺激がLRCであった。左または右に偏在する刺戟が交差視野および非交差視野からの像を融像し，立体視が得られることを実証しようと実験を実施した。
　実験の結果は図(7)に示されている。左側または右側に刺激があるときいずれも全体で100%弱となり，立体視率は著しく高い結果であった。中央に刺激が置かれたときは，前述のようにロッドのいずれの刺激においても100%となったが，左または右に偏した刺激においてもロッド刺激3および4でやや低いものの，ロッド刺激1および2では100%の正答率であったか

ら，中央に置かれた非交差視野の刺激の立体視率の相当するレベルであったということができよう。

これらの結果，両眼の交差視野と非交差視野の二つの視野からの対象像の立体視を検証することができた。視野の左または右に偏して置かれた刺激の立体視に若干の差はあるものの，幅広い視野における対象の立体視が可能であり，中央における非交差視野内の対象の立体視に遜色がないことを裏づける結果となった。

2009年7月実験実施，被験者は男女16名（太田，2010a）。

3）両眼の交差視野における対象のシュードスコープ視実験

両眼の交差視野における対象のシュードスコープ視を特製の実験装置を用いて検証した。ここでは鏡やプリズムなどを使用しない簡単な装置を用いた実験について述べる。

（ステレオグラムを用いた実験）

(8) ドット刺激　知覚課題

視野調節器および透明スクリーン（ウインドウ）内蔵の特製の装置を使用して，両眼の交差視野におけるステレオグラムのシュードスコープ視を実験で確かめようとした。

実験では1ドット刺激，2ドット刺激，3ドット刺激，ランダムドット刺激1，ランダムドット刺激2[19]の5種類のドット刺激のステレオグラムを用いて，シュードスコープ視を検証した。なお1ドット刺激は四角形の枠に対するシュードスコープ視をみるものであった。

結果をみると，交差視野における刺激のシュードスコープ視率は全体で60％程度であった。刺激別にみると，1ドット刺激のシュードスコープ視率

---

19) これらの刺激は総て実験(1)で用いたものと同じ。

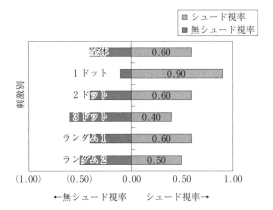

(8) 交差視野の刺激別　シュードスコープ視率及び
　　無シュードスコープ視率

注）無シュード視は立体視であり，シュード視は立体視以
　　外のものである。

は90％で相当高かったが，最も低い3ドット刺激では，40％であった。1ドット刺激が最も高く，2ドット刺激，3ドット刺激と刺激が増加するにつれシュードスコープ視が減少する理由については更に検討が必要である。ランダムドット刺激でのシュードスコープ視率は5〜6割であった。但し，ここでのシュードスコープ視率は立体視以外のものを総てシュードスコープ視と見做したものである。シュード視の詳細な分析，検討は未了で，今後に残されている。

　シュードスコープ視率の高い刺激は少なく，刺激ごとに差異がかなり大きかったが両眼の交差視野におけるステレオグラム刺激によりシュードスコープ視をおおむね検証することができた。

　2011年7月実験実施，被験者は男女10名（太田，2012a）。

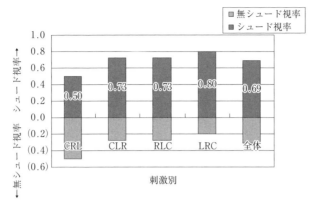

(9) 刺激別　シュード視率及び立体視（無シュード視）率
注）無シュード視は立体視であり，シュード視は立体視以外のものである。

(実際の刺激対象を用いた実験)
(9) 3本の垂直ロッド知覚課題

　視野調節器および透明スクリーン（ウインドウ）内蔵の特製の装置を使用して，両眼の交差視野における対象のシュードスコープ視を実験で確かめようとした。

　無同列配置[20]の4種類のロッド刺激が用いられた。最も眼に接近するロッドの位置の順に配列を示してCRL，CLR，RLC，LRCとした。実際の刺激の配置とは異なる奥行知覚をした場合を総てシュードスコープ視とし，第1試行と第2試行の平均シュードスコープ視を求めた。

　結果をみると，シュードスコープ視率は全体で70％弱であった。刺激間の差は大きく50％強から80％強に達する刺激まであった。シュードスコープ視率の最も高い刺激はLRCの80％であり，最も低い刺激はCRLで50％であった。但しここでのシュードスコープ視率は立体視以外のものを総てシュー

20）実験(7)の説明を参照されたい。

スコープ視と見做したものである。シュード視の詳細な分析，検討は未了で，今後に残されている。

以上の結果から，両眼の交差視野における3本のロッドのシュードスコープ視をおおむね検証することができた。

2012年7月実験実施，被験者は男女20名（太田，2012b，2013a）。

B　逆転視野における対象の立体視実験

ここでは逆転視野における対象の立体視実験即ち逆転立体視の実験結果を中心に述べる。以下の逆転立体視の実験はすべて逆転視野眼鏡を使用した実験である。ステレオグラムについての逆転立体視は，前述のとおりステレオグラム全体を180度回転させる方法で確かめることができるのであるが，ここでは逆転視野眼鏡を使用したものである。なお，実験を述べる順序は「研究分野とそのねらい」の中で記載した「逆転視実験で用いた課題の分類」の順序に従っている。

1　立体視実験
（ステレオグラムを用いた実験）
(10)　ステレオグラム刺激の知覚課題

逆転視野眼鏡を用い，逆転視野における5種類のステレオグラムの逆転立

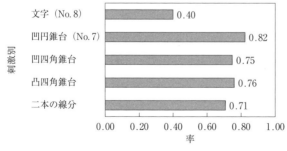

(10)-2　絵図中の刺激の順位相関

R_kの段階	n
0.90～	6
0.70～0.79	3
0.40～0.49	1
0.30～0.39	2

注）R_k は Kendall の順位相関係数

(10)-1　逆転視におけるステレオグラム知覚課題の立体視率

体視を実験で確かめて仮説を検証しようとした。

　ステレオグラムは簡単な線画の「二本の線分」(下條，1995)，凸四角錐台，凹四角錐台 (Metzger, 1953；盛永訳，1968)，凹円錐台（半田屋製 No.7 のランプシェード）と絵図[21]（半田屋製 No.13）および文字[22]であった。

　実験結果についてみると，文字は立体視率が40％とやや低いものの，その他のステレオグラム刺激の立体視率はかなり高く70〜80％程度であり，かなりの割合で逆転像の立体視が得られたことになる。絵図の結果は，正答順と回答順との順位相関係数を求めた。それらの相関係数を段階別の人数をみると，0.9台の者が多く，かなりの者が正答順に近かったといえる。

　これらの結果は課題によって立体視率が十分でなく，被験者数が少ない実験も含まれていたが，概ね逆転立体視を確かめることができ，仮説を検証することができた。

　2001年9月および10月実験実施，被験者は女子24名（太田，2001，2002a, b）。

（実際の刺激対象を用いた実験）
(11) 3本の垂直平行ロッド知覚課題
　逆転視野眼鏡を着用して逆転視野における3本の垂直平行ロッドの逆転立体視実験を実施して仮説を検証しようとした。

　逆転立体視事態の結果と正立視野眼鏡を着用した正立視事態の結果を比較検討した。3行3列の互いに直交する平行線の交点に各列1本ずつ3本のロッドを立て計27の刺激を作成した。ロッドの断面直径は1mmと2.5mmの2種類であった。逆転視野眼鏡の液晶画面に対象を3秒間写しだすようにしたが，3秒間の刺激提示後，10秒後に再提示した結果を含めた立体視率をみ

---

21) 半田屋製 No.13の刺激の内，小さい刺激を削除し，ツバメ，蝶，トンボ，セミ，花の5刺激のみ用いた。
22) 実験(6)において用いた平仮名と同じ。

114　第Ⅱ部　奥行知覚に関する実験

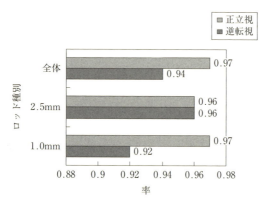

(11) 逆転視および正立視における3本ロッド知覚課題の立体視率

ると，断面直径は1mmでは92％，2.5mmでは96％となり，いずれも90％強であった。

これらの結果を正立視事態と比較すると逆転視事態のロッドの太さ2.5mmにおいては立体視率は正立視事態と同率であり，1mmでは逆転視事態の率は若干低かったがいずれも90％以上であり，ほとんど正立視事態と遜色なく仮説はほぼ実証された。

2008年4月実験実施，被験者は男子1名（筆者自身）（太田，2009a）。

2　立体視と協応動作実験

①　描写

(12)　図形描写課題

逆転視野眼鏡を着用して逆転視野における図形描写課題実験を実施し，図形を鉛筆で追跡描写する作業における逆転立体視等の知覚に基づく追跡描写作業行動を調べて仮説を検証しようとした。

図形描写課題を20試行行い，所要時間と誤反応を測定した。その結果と正立視野眼鏡を着用した正立視事態の結果を比較検討した。刺激が平面に描か

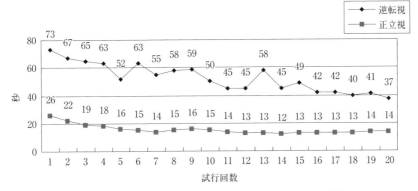

(12) 逆転視および正立視における図形描写課題の所要時間

れている場合，立体視は通常ほとんど考慮されないが，この描写課題では知覚と協応する追跡描写行動に立体視が絶えず必要であると考えられた。図形描写の実験材料として，鏡映描写用の Mednick の図形を拡大して用いた。溝の幅（二重線の幅）は約 17mm であった。ストップウォッチで所要時間を計測した。溝の幅を逸脱した箇所や線に接触した箇所を誤反応とした。

実験の結果をみると逆転視事態の所要時間は初期には1分強とかなりの時間を要したが，試行ごとに多少の変動を示しつつも減少傾向をたどり，最後の試行では初期の半分程度にまで短縮した。また誤反応数も逆転視事態の場合は多かった。正立視事態では所要時間において初期にはやや多いものの単調に減少してほぼ定常となった。誤反応数はゼロとなる試行が多かった。逆転視事態では正立視事態より絶えず多くの時間を必要とした。初期からほとんどの試行において逆転視事態は正立視事態より3倍程度の時間を要したが，最後の第19，20試行では2倍台にまで差が縮小した。なお第6および第13試行等では逆転視事態においてトラブルの解消に手間取り多少の時間を要した。

これらの結果，概ね仮説を実証することができた。

2002年7月実験実施，被験者は男子1名（筆者自身）（太田，2003）。

② 構成

(13) 積み木作業課題

　逆転視野眼鏡を着用して逆転視野における積み木作業課題実験を実施し，18個の積み木を組み立てる作業における逆転立体視等の知覚に基づく組立作業行動を調べて仮説を検証しようとした。

　積み木作業課題を20試行行い，所要時間を測定した。その結果と正立視野眼鏡を着用した正立視事態の結果を比較検討した。積み木作業の実験材料として，市販の18個から成る積み木を用いた。中空のプラスチック製で赤・黄・青の3色に着色されていた。散在させた18個の積木の内，15個の積み木から「家」模型を作成した。小さな衝立にモデル図を提示した。作業の実施は，基準図形の図面を絶えず見ながら作品を作り上げた。ストップウォッチで所要時間を計測した。

　実験の結果，逆転視事態の最初は完成までに14分強とかなり時間を要した。しかし試行を重ねるに伴って所要時間が短縮し最後には3分弱にまでなった。正立視事態では所要時間は1分程度と最初から最後までほぼ定常状態であった。逆転視事態と正立視事態とを比較すると，逆転視事態では最初は正立視事態の12倍強の時間を要したが，最後には3倍弱の所要時間で完成するよう

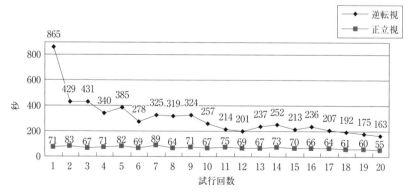

(13) 逆転視および正立視における積み木作業課題の所要時間

になった。

これらの結果，概ね仮説を実証することができた。

2003年3月実験実施。被験者は男子1名（筆者自身）（太田，2004a）。

⑧ 手先の技能

(14) 玉拾い作業課題

逆転視野眼鏡を着用して逆転視野における玉拾い作業課題実験を実施し，玉拾い作業における逆転立体視等の知覚に基づく手先の技能を調べて仮説を検証しようとした。

玉拾い作業課題を20試行行い，所要時間を測定した。その結果と正立視野眼鏡を着用した正立視事態の結果を比較検討した。玉拾い作業は鉄製の円形（直径85mm）の皿から長方形（60mm×90mm）の皿へと玉をピンセットで1個ずつ挟んで移す作業であった。直径約6mmの鉄製の玉20個を用いた。ストップウォッチで所要時間を計測した。

結果をみると逆転視事態では，当初は3分程度の所要時間を費やし第5試行では最大の4分強となったが，第6試行からは多少の変動がみられるもののほぼ減少傾向となり，最後には1分程度までに短縮した。玉が所定の皿に

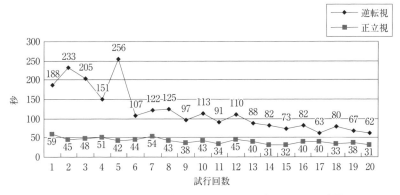

（14） 逆転視および正立視における玉拾い作業課題の所要時間

入らず外に飛び出る誤反応が全試行で通算4回程生じた。しかし1試行に高々1個程度であった。正立視事態の所要時間は最初の試行では50秒であったが最後には30秒強にまで減少した。しかし最初から最後までほぼ定常状態であったといえる。逆転視事態と正立視事態を比較すると，逆転視事態では初期に正立視事態の6倍強も所要時間を要することがあったが，大部分の試行では2倍程度であった。最も差が小さくなった試行では1.6倍弱であった。

これらの結果，概ね仮説を実証することができた。

2003年3月実験実施。被験者は男子1名（筆者自身）（太田，2004a）。

③ 感覚－運動技能

(15) 迷路課題

逆転視野眼鏡を着用して逆転視野における迷路課題実験を実施し，迷路板を鉄筆で辿る作業における逆転立体視等の知覚に基づく感覚－運動技能を調べて仮説を検証しようとした。

迷路課題を20試行行い，所要時間と誤反応時間を測定した。その結果と正立視野眼鏡を着用した正立視事態の結果を比較検討した。迷路は学習過程研究で用いられる鉄筆迷路で，山越製作所製のものを用いたが，そのマニュア

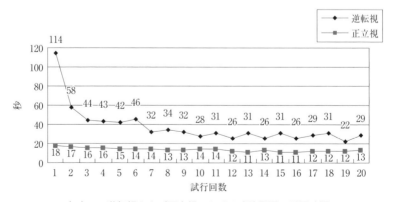

(15)-1　逆転視および正立視における迷路課題の所要時間

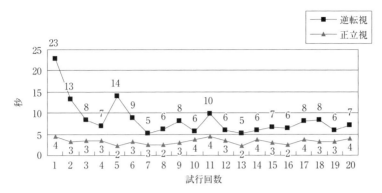

(15)-2　逆転視および正立視における迷路課題の誤反応時間

ルに準じる作業ではなかった。また計時装置（竹井機器工業製）を迷路板に取り付けて鉄筆が枠に接触中の時間を調べ，この接触時間を誤反応時間とした。

　所要時間をみると逆転視事態の場合に最初は2分弱の114秒とかなり長い時間を要したが，6〜7回の試行を経て所要時間が急に短縮し，その後はほぼ定常状態に至った。正立視事態の所要時間は初期から20秒弱であり，試行を重ねると減少して10秒強になった。全般にほぼ定常状態を保った。逆転視事態の所要時間を正立視事態と比較すると，最初は7倍強の時間を要したが，その後は3倍，2倍と正立視の時間に接近し，第7試行以後は2倍前後になった（第19試行では1.8倍）。誤反応時間も逆転視事態では初期にかなり多かったが，試行を重ねるにつれてかなりの変動を繰り返しながら低減した。第7試行後には低減傾向はみられず5〜10秒の範囲を推移した。正立視事態での最初から5秒以内を推移し大きな変動はなかった。誤反応時間は逆転視事態では初期にはかなり長く変動も大きかったが後期にはほぼ5〜10秒の範囲内になった。これに対し正立視事態ではほぼ5秒以内で推移した。逆転視事態では正立視事態より常に多くの誤反応時間を要し，初期には6倍弱の差が認められたが後半には2倍を切ることも多くなった。

　これらの結果，概ね仮説を実証することができた。

2002年7月実験実施，被験者は男子1名（筆者自身）（太田, 2003）。

3 立体視と運動技能実験
① 歩行
(16) 屈折歩行課題

逆転視野眼鏡を着用して逆転視野における屈折歩行課題実験を実施し，キャスター付き杖で屈折路を辿る作業における逆転立体視等の知覚に基づく歩行運動を調べて仮説を検証しようとした。屈折歩行の歩行課題を20試行行い，所要時間を計測し，杖に装備された計測器で距離および誤反応数も調べた。その結果と正立視野眼鏡を着用した正立視事態の結果を比較検討した。

屈折歩行課題は，地上に2本のビニール紐を引いて折れ線状の通路をつくり，キャスター付き計測杖で，ビニール紐の間を辿りながら出発地点から目的地点まで歩行するものであった。2本の白ビニール紐の間隔は約15cmで，総延長は約10mであった。キャスターには車輪の回転に伴って石灰の粉末が落下するようにしてあり，その軌跡から逸脱回数が計測された。出発地点から目標地点までの所要時間をストップウォッチで計測した。

逆転視事態では，初期には最大4分弱とかなりの所要時間を必要としたが，

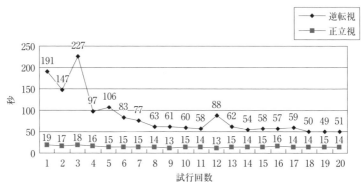

(16)-1 逆転視および正立視における屈折歩行課題の所要時間

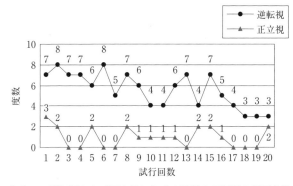

(16)-2　逆転視および正立視における屈折歩行課題の誤反応数

試行を重ねると次第に減少し，20試行の最終期では50秒程度にまで減少した。正立視事態では逆転視事態より所要時間が極めて少なく初期には20秒弱であったが後期には15秒前後になった。試行ごとに大きな変化は認められなかった。逆転視事態と正立視事態を比較すると，正立視事態と逆転視事態では所要時間差が大きく，最終試行においてもかなりの差があった。誤反応数の点でも逆転視事態では試行間に変動が大きく4回から8回までの間を変動したが，試行を重ねると徐々に低減した。正立視事態では最初から最後まで低減傾向は見られず最初は3回であったがその後はせいぜい2回程度であった。逆転視事態と正立視事態を比較すると両事態には終始若干の差があった。

　これらの結果，仮説をほぼ実証することができた。

　2005年3月実験実施，被験者は男子1名（筆者自身）（太田，2005b，2006a）。

C　運動視差による奥行知覚実験

　ここでは運動視差による奥行知覚実験を紹介する。初期の実験として先ず単眼で対象をみるとき運動視差によって奥行がどの程度効果的に知覚されるか等を検討するため実験を実施した。一つの探索的な実験が実施されたが，両眼の運動視差の加わる事態における実験等は今後に残されている。

(実際の刺激対象)

(17) 単眼による垂直平行ロッドの知覚課題における運動視差の実験

特製の単眼用装置と3本の垂直平行ロッドを左右に移動して運動視差を生起させ，運動視差の奥行知覚に及ぼす効果を確かめようとした。単眼における実験であったから，両眼視差を活用できない状況における運動視差の奥行知覚に及ぼす効果を調べる実験であった。

4種類の無同列配置[23]のロッド刺激の内2種類のCRL刺激とその裏側刺激に相当するRLC刺激を用いた。ロッドの左右移動距離は約13cmであった。刺激の移動はその距離を3往復（1往復約4秒）させた。運動視差の加わる移動事態と運動視差のない静止事態を作り奥行知覚を比較した。

結果をみると，静止事態の奥行知覚では正答（立体視）率が低いのに対して，移動事態では著しく上昇した。刺激別の正答率をみるとCRL刺激と

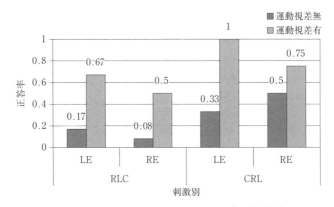

(17) 運動視差の有無別　刺激別正答（立体視）率

注）LEは左眼を，REは右眼を示す。RLCは3本のロッドの内で被験者にとって右のロッドが最も吐出して眼に接近しており，次が左，中央が最も眼から遠くの位置にロッドが配置されている刺激を示し，CRLは中央のものが最も吐出しており，次が右，左が最も眼から遠くの位置にロッドが配置されているという刺激を示す。

---

23) 実験(7)の説明を参照されたい。

RLC刺激の間で多少の相違があり，RLC刺激ではロッドの静止事態では奥行きの知覚が殆ど不可能であったが，移動事態では正答率が50％以上可能となった。しかしCRL事態では静止事態でも正答率がかなり高く，移動事態ではさらに高くなり，左眼では100％にまでなった。これら刺激差の原因については今後検討が必要である。

　以上の結果から，単眼においても様々な手掛かりを用いてある程度の奥行知覚は可能であり，静止事態においても正確な奥行知覚は多少なされるが，対象が移動して運動視差が加わると正確な奥行知覚が格段に増加し，大きな効果の生じることが確かめられた。

　2017年7月実験実施，被験者は男女18名（太田，2018）。

D　奥行反転による反転視実験

　筆者はこれまでこの問題に関する実験を若干行ったが，その際は逆回転視および奥行知覚の逆転現象を両眼視差によるものとして取り扱った。しかし単眼においてもこの現象が認められたので，結局奥行き反転による反転視として位置付けることに改めた。ここで紹介するのは2014年に実施した単眼における探索的な実験の結果である。

(18)　直線構造の針金細工知覚課題

　片方の眼の視野を遮蔽する簡単な装置，対象を回転させる回転盤およびスクリーン等より成る実験装置を用いて単眼における奥行反転による反転視を検証するため左右の眼を使用した実験を試みた。

　直線構造の「三角錐」の針金細工を使用したが，その針金細工の一部に予め小さな標識を付けた。白いスクリーンの前に置かれた三角錐を一定速度で右回りに回転させ，対象が右回りの回転視（順回転視）の状態においても，対象が左回りの回転視（逆回転視）の状態にあっても標識が前面を通過している間中「前」と，背後を通過している間中「後ろ」と被験者は絶えず報告

し続けた。被験者が9報告した後，もう一方の眼で同様の試行を行った。実験者は報告と実際の対象の状況とをその都度比較して順回転視状態か逆回転状態か，奥行視か反転視かを判断した。

　実験結果は，逆回転視の生起率は右眼の場合には77％，左眼の場合は69％であった。順回転視の状態では必ず正常な奥行視となったし，逆回転視の状態でも必ず反転視が生じた。

　これらの結果から，奥行反転によって逆回転視が生じ，それに伴って反転視が生起することがほぼ確認された。

　2014年12月実験実施，被験者は男女13名（太田，未発表論文）。

参考・引用文献

Anderson, John R. 2010 *Cognitive psychology and its implications.* 7th ED. Worth Pub.

Barlow, H. B., Blakemore, C. & Pettigrew, J. D. 1967 The neural mechanism of binocular depth discrimination. *Journal of Phychology 193*, 327-342.

Berkeley, G. 1709 *An essay towards a new theory of vision.* Dublin, Edited by D. R. Wilkins バークリ G. 下條信輔, 植村恒一郎, 一ノ瀬正樹訳 鳥居修晃解説 1990 視覚新論 付 視覚論弁明 勁草書房

Blake, R. and Sekuler, R. 2006 *Perception.* McGraw-Hill Companies, Inc.

鬢櫛一夫 1979 立体視における奥行の消失と反転 心理学研究, *50*-5, 256-264.

鬢櫛一夫 1983 線画ステレオグラムにおける両眼立体視の消失 心理学研究, *54*-5, 314-320.

Brown, M. 1979 *Left handed: Right handed.* David & Charles Ltd. 新井康允（訳）1987 右と左の脳生理学；右脳思考と左脳思考 東京図書

Corballis, M. C. & Beale, I. L. 1976 *The psychology of left and right.* Lawrence Erlbaum Associates. 白井 常・鹿取廣人・河内十郎（訳）1978 左と右の心理学；からだの左右と心理 紀伊國屋書店

Dalezal, H. 1982 *Living in a world transformed: Perceptual and performatory adaption to visual distortion.* Academic Press.

Descartes, R. 1637 *La dioptrique.* 青木靖三・水野和久（訳）1973 屈折光学（デカルト著作集1）白水社. Pp. 111-222.

Farah, M. J. 2000 *The cognitive neuroscience of vision.* Blackwel 利島 保 監訳 ファーラー, M. J. 2003 視覚の認知神経科学 現代基礎心理学選集6 視覚の認知神経科学 協同出版

藤田一郎 1994 大脳視覚野の生理学 川人光男他共著 岩波講座 認知科学3 視覚と聴覚 第2章 岩波書店

Glickstein, M. 1988 The discovery of the visual cortex. *Scientific American, 259*, 118-127.

Gregory, R. L. 1998 *Eye and brain; The psychology of seeing.* Fifth Ed. Oxford University Press 近藤倫明・中溝幸夫・三浦佳世（訳）2001 脳と視覚―グレゴリーの視覚心理学― ブレーン出版

林部敬吉 1995 心理学における3次元視研究 酒井書店
東山篤規 2006 股のぞきの世界 大きさの恒常性の低減と見かけの距離の短縮 日本心理学会大会発表資料
Hoffman, D. D. 1998 *Visual intelligence; How we create what we see.* W. W. Norton & Company 原 淳子 望月弘子（訳）2003 視覚の文法；脳が物を見る法則 紀伊國屋書店
Holmes, G. 1918 Disturbances of vision by cerebral lesion. *British Journal of Ophthalmology, 2,* 353-384.
Homans, J. 1946 *A Textbook of surgery.* Springfield, I. L., Charles, C. and Thomas,
本田仁視 2003 視覚交叉経路と非交叉経路の機能差－皮質下視覚機能の行動学的・心理物理学的研究－ 心理学評論, 46-4, 597-416.
本田仁視 2009 視覚世界はなぜ安定して見えるのか；眼球運動と神経信号をめぐる研究 知泉書館
Howard, Ian P 2002 *Seeing in depth.* Volume 1 *Basic mechanisms.* Volume 2 *Depth perception* I. Porteous, Toronto.
Hubel, D. H. 1988 Eye,brain, and vision. *Scientific American Library Series* No. 22, Scientific American Library.
伊藤正男 1987 脳と行動 放送大学教育振興会
Julesz, B. 1960 Binocular depth perception; computer-generated patterns. *Bull System Technical Journal 39,* 1125-1162.
Julesz, B. 1971 *Foundations of cyclopean perception.* The University of Chicago Press.
川人光男・行場次朗・藤田一郎・乾 敏郎・力丸 裕著 1994 視覚と聴覚 岩波講座 認知科学3 岩波書店
キャンベルR.（編），本田仁視（訳）1995 認知障害者の心の風景 福村出版
Kaas, J. H., Gillery, R. W., and Allman, J. M. 1972 *Some principles of organization in the dorsal lateral genicurate nucleus.* Brain Behav. Evol., 6. 253-299
Kandel, E. R., Schwartz, J. H., and Jessell, T. M. 1991 *Principles of neural science.* 3rd ed., Elsevier.
Kepler, J. 1604 *De modo visionis.* 田中一郎（訳）1978 視覚論 エピステーメー, 9, 71-87.
Kohler, I. 1964 The formation and transformation of the perceptual world. *Psychological Issues,* Ⅲ-4, Monograph 12, International University Press.

Krol, J. D. and Van de Grind, W. A. 1980 The double-nail illusion; Experiments on binocular vision with nails, needles, and pins. *Perception, 9-6,* 651-669

久保田　競 編　1991　左右差の起源と脳　朝倉書店

牧野達郎　1963　逆転視野の知覚　大阪市立大学文学部紀要　人文研究, *14-2,* 36-50.

Mead, L. C. 1943 The influence of size of test stimuli, interpupillary distance, and age on stereoscopic depth perception. *J. Exp. Psychol.* 148-158.

Metzger, W. 1953 *Gesetze des Sehens.* Waldemar Kramer　盛永四郎（訳）1968　視覚の法則　岩波書店

三上章允　1993　脳はどこまでわかったか　現代新書　講談社

三上章允　1996　サルの大脳皮質の視覚情報処理　三上章允（編）視覚の進化と脳　第二版　第Ⅰ編　第6章105-130　朝倉書店

三上章允　2009　サルやヒトの脳には沢山の視覚野がある。「脳の世界」の中の「感覚のしくみ」http//web2.chubu-gu.ac.jp/web labo/mikami/brain/21/index-21.html（参照2016-11-26）

宮川知彰　1943　倒立視に関する実験的研究―所謂またのぞきの問題―　心理学研究, *18,* 289-309

宮川知彰　1950　倒立視に関する実験的研究（Ⅱ）心理学研究, *20-2,* 14-23.

水野　昇　1996　サルの視覚入力系神経路　三上章允偏　視覚の進化と脳　第二版　第Ⅰ編　第3章43-73　朝倉書店

森　孝行（編）1988　視野変換による知覚体制の崩壊と再構造化　昭和62年度科学研究費補助金（総合研究Ａ）研究成果報告書（大阪市立大学文学部紀要　人文研究, *37-*11）。

中溝幸夫・近藤倫明　1988　ダブルネイル錯視：ウォールペーパー現象との共通性　心理学研究, *59-2,* 91-98

Nikara, T., Bishop, P. O. & Pettigrew, J. D. 1968 Analysis of retinal correspondence by studying receptive fields of binocular single units in cat striate cortex. *Experimental Brain Research, 6,* 353-372.

西川泰夫　1969　両眼視空間と物理的空間との対応関係　心理学研究, *40-1,* 24-36.

大倉正暉　1976　単一刺激法による逆転視野の形の恒常性測定　人文（京都大学教養部）, *22,* 1-25.

太田雅夫　2001　逆転視における奥行知覚に関する一研究：逆転視実体鏡を用いた実験　日本心理学会第65回大会発表論文集　134

太田雅夫　2002a　逆転視における奥行知覚に関する研究：逆転視実体鏡を用いた両眼

立体視実験 金沢学院大学 経営情報学部紀要 *7*-1 135-142.
太田雅夫 2002b 逆転視における奥行知覚に関する一研究（Ⅱ）：逆転視実体鏡を用いた実験 日本心理学会第66回大会発表論文集 485
太田雅夫 2003 逆転視における奥行知覚に関する研究（Ⅲ）；逆転視実体鏡を着用した課題遂行 金沢学院大学紀要 文学・美術編 *1* 35-42.
太田雅夫 2004a 逆転視における奥行知覚に関する研究（Ⅳ）；逆転視実体鏡を着用した課題遂行と生活体験 金沢学院大学紀要 *2* 79-89.
Ohta, Masao 2004b A study on depth perception in reversed vision (v): An experiment on binocular stereopsis with an inverting stereoscope. *Bulletin of Hokuriku Gakuin Junior College* 35 287-298.
Ohta, Masao 2004c Experiments on binocular stereopsis with an inverting stereoscope. *The 28th International Congress of Psychology Proceedings* 449
太田雅夫 2004d 逆転視における奥行知覚に関する一研究（Ⅵ）；逆転視野眼鏡を着用した課題遂行実験 日本心理学会第68回大会発表論文集 508
太田雅夫 2005a 逆転視における奥行知覚に関する一研究（Ⅶ）；逆転視野眼鏡を着用した課題遂行 金沢学院大学紀要 *3* 59-73.
太田雅夫 2005b 逆転視における奥行知覚に関する一研究（Ⅷ）；逆転視野眼鏡を着用した歩行課題実験 日本心理学会第69回大会発表論文集 587
太田雅夫 2006a 逆転視における奥行知覚に関する一研究（Ⅸ）；逆転視野眼鏡を着用した歩行課題遂行 金沢学院大学紀要 *4* 77-85.
太田雅夫 2006b 逆転視における奥行知覚に関する一研究（Ⅹ）；逆転視野眼鏡を着用した遊戯課題遂行 日本心理学会第70回大会発表論文集 502
太田雅夫 2007a 逆転視における奥行知覚に関する一研究（ⅩⅠ）；逆転視野眼鏡を着用した遊戯課題遂行 金沢学院大学紀要 *5* 87-95.
太田雅夫 2007b 逆転視における奥行知覚に関する一研究（ⅩⅡ）；垂直平行線の立体視実験 日本心理学会第71回大会発表論文集 499
太田雅夫 2008a 逆転視における奥行知覚に関する一研究（ⅩⅢ）；垂直平行ロッドの立体視実験 金沢学院大学紀要 *6* 51-62.
太田雅夫 2008b 逆転視における奥行知覚に関する一研究（ⅩⅣ）；垂直平行ロッドの立体視実験 日本心理学会第72回大会発表論文集 553.
太田雅夫 2009 逆転視における奥行知覚に関する一研究（ⅩⅤ）：2本または3本の垂直平行ロッドによる立体視実験 金沢学院大学紀要 *7* 51-67.
太田雅夫 2009b 奥行知覚に関する一研究（Ⅰ）：垂直平行線の交差像と非交差像に

よる立体視実験　日本心理学会73回大会発表論文集　565

太田雅夫　2010a　奥行知覚に関する一研究（Ⅱ）；交差視野および非交差視野における垂直平行の線またはロッドの立体視実験　金沢学院大学紀要 *8* 59-72.

太田雅夫　2010b　奥行知覚に関する一研究（Ⅲ）－交差視野および非交差視野マッチボードのステイックについての立体視実験－　日本心理学会74回大会発表論文集　532

太田雅夫　2011　奥行知覚に関する一研究（Ⅳ）；stereogram およびマッチ・ボードのステイックについての交差視野および非交差視野からの像による立体視実験　金沢学院大学紀要 *9* 113-123.

太田雅夫　2012a　奥行知覚に関する一研究（Ⅴ）；両眼の交差視野からの stereogram 刺激像による反転立体視実験　金沢学院大学紀要 *10* 83-93.

太田雅夫　2012b　奥行知覚に関する一研究（Ⅵ）－両眼交差視野からの対象像によるシュードスコープ視実験－　日本心理学会76回大会発表論文集　565

太田雅夫　2013a　奥行知覚に関する一研究（Ⅶ）；両眼または単眼のシュードスコープ視実験　金沢学院大学紀要 *11* 101-144.

太田雅夫　2013b　奥行知覚に関する一研究（Ⅷ）－反転視野における対象のシュードスコープ視実験－　日本心理学会77回大会発表論文集　516

太田雅夫　2014　奥行知覚に関する一研究（Ⅸ）－対象が他対象の輻輳角内に在る場合の奥行知覚実験－日本心理学会78回大会発表論文集　546

太田雅夫　2015　奥行知覚に関する一研究（Ⅹ）－ロッドが他のロッドの輻輳角内に在る場合の奥行知覚実験－日本心理学会79回大会発表論文集　541

Ohta, Masao　2016　A study on the depth perception which is formed corresponding to the degree of binocular parallax. *International Journal of Psychology*. Vol. 51 *Special Issue* 1158. Wiley.

太田雅夫　2017　改良型ホイートストーン式ステレオスコープによる奥行知覚　日本心理学会81回大会発表論文集　427

太田雅夫　2018　運動視差による奥行知覚　日本心理学会82回大会発表論文集　990

Peterson, J. & Peterson, J. K.　1938　Does practice with inverting lenses make vision normal? *Psychological Monographs*, *50*, 12-37.

Pettigrew, J. D.　1986　The evolution of binocular vision. In J. D. Pettigrew, K. J. Sanderson & W. R. Levick（Eds.）*Visual neuroscience*. Cambridge University Press.

Posner, M.（Ed.）1989　*Foundation of cognitive science*. MIT　佐伯　胖・土屋

俊 監訳 脳科学との接点（認知科学の基礎 第4巻）1991 産業図書

Posner, M. I., and Raichle M. E. 1994 *Images of mind*. Scientific American Library. M. I. ポスナー，M. E. レイクル 養老孟司・加藤雅子・笠井清登 訳 1997 脳を観る：認知神経科学が明かす心の謎 日経サイエンス社

Qiu, F. T. and von der Heydt, R. 2005 Figure and ground in the visual cortex; V2 conbines stereoscopic cues with Gestalt rules. *Neuron, 47,* 155-166.

Romer, A. S., & Parsons, T. S. 1978 *The vertebrate body*. Fifth Edition（shorter version）W. B. Saunders Co. 平光厲司 訳 1983 脊椎動物のからだ；その比較解剖学 第5版 法政大学出版局

積山 薫 1987 左右反転眼鏡の世界 ―ボデイー・イメージからの接近 ユニオンプレス

下條信輔 1978 逆転・反転視野実験についての一考察 心理学評論，*21-4*，315-339.

下條信輔 1995 視覚の冒険 産業図書

Shimojo, S. & Nakajima, Y. 1981 Adaptation to the reversal of binocular depth perception. *Perception, 10,* 391-402.

下野孝一 江草浩幸 大野 間 1997 両眼単一視：融合理論と抑制理論の限界 心理学評論，*40-4*，414-431.

Sperry, R. W. 1968 Hemisphere deconnection and unity in conscious awareness. *American Psychologist 23,* 723-733. In R. D. Gross 1990 *Key studies in psychology* Hodder & Stoughton Ltd. 岡本栄一・大山 正（監訳）1993 キースタデイーズ 心理学（下）新曜社 pp.1-16

Springer, S. P. & G. Deutsch 1981 *Left brain, right brain* W H. Freeman & Company 福井圀彦 河内十郎（監訳）1985 左の脳と右の脳 医学書院

Stratton, G. M. 1896 Some preliminary experiments on vision without inversion of the retinal image. *Psychological Review, 3,* 611-617.

Stratton, G. M. 1897 Vision without inversion of the retinal image. *Psychological Review, 4,* 341-360, 463-481.

杉田益次郎（訳）1941 レオナルド・ダ・ヴィンチの絵画論 アトリエ社

田中一郎 1989 ケプラー光学の展開と近代視覚理論の成立 伊東俊太郎・村上陽一郎（編）講座科学史1 西欧科学史の位相 培風館 pp. 212-233.

田中啓治（編）2009 認識と行動の脳科学 甘利俊一（監修）シリーズ脳科学2 東京大学出版会

太城敬良 1967 Displaced Vision 実験について 大阪市立大学文学部紀要，人文研究，

19-2, 20-40.
太城敬良 1985 視野反転眼鏡研究における一実験 大阪市立大学文学部紀要, 人文研究, 37-11, 1-24.
太城敬良 1999 視野変換研究における視野変換の種類と方法（1）大阪市立大学文学部紀要, 人文研究, 51-10, 25-36.
太城敬良 2000 視野変換研究における視野変換の種類と方法（2）大阪市立大学文学部紀要, 人文研究, 52-6, 11-24.
辻敬一郎・林部敬吉・原 政敏 1974 動物の奥行知覚における諸問題 心理学評論, 17-2, 145-155.
角田忠信 1981 右脳と左脳―その機能と文化の異質性― 小学館
鳥居修晃 1986 空間知覚 八木 冕（編）現代基礎心理学 歴史的展開 東京大学出版会 pp. 27-57.
鳥居修晃・立花政夫（共編）1993 知覚の機序 知覚と認知の心理学4 培風館
鳥居修晃・能智正博・望月登志子・山田麗子 2014 認知世界の崩壊と再形成；脳損傷による視覚の障害を中心に エスコアール出版部
Van Essen, D. C. and Zeki, S. M. 1978 The topographic organization of rhesus monkey prestriate cortex. *J. Physiol. 277*, 193-226.
Wallach, H., Moore, M. E. and Davidson, L. 1963 Modification of stereoscopic depth perception. *American Journal of Psychology, 76*, 191-204.
Weiskrantz, L. et al. 1974 Visual capacity in the hemianopic field following a restricted occipital ablation. *Brain 97*, 709-728
Weiskrantz, L. 1986 *Blindsight: A case study and implication.* Oxford Psychology Series, Clarendon Press
吉村浩一 1991 変換視研究における内観報告法 心理学評論 *34*-3, 383-411.
Yoshimura, H. 1996 A historical review of long-term visual-transposition research in Japan. *Psychological Research, 59*, 16-32.
Zeki, S. M. 1969 Representation of central visual fields in prestriate cortex of monkey. *Brain Research, 14*, 271-291
Zeki, S. M. 1977 Simultaneous anatomical demonstration of the representation of the vertical and horizontal meridians in areas V2 and V3 of rhesus monkey visual cortex. *Proceeding of the Royal Society of London. Series B, 195*, 517-523.
Zeki, S. M. 1978 The third visual complex of rhesus monkey prestriate cortex. *J. Physiol., 277*, 245-272

付　録

付録1　スライド型ステレオグラムの作成方法

　筆者がブリュースター式ステレオスコープを用いた実験において屡々使用してきたスライド型ステレオグラムの作成方法を紹介する。これはステレオグラム刺激を左右に移動可能にしたものである。予め刺激等をプリントしておいた用紙をOHP用紙に貼り合わせたもの数枚を用意して，それらを重ねたもので，いずれも製作が極めて容易なものである。ここでは用途に応じて選択使用が可能な幾つかを挙げておくことにする。

　A「全刺激移動型」のものは各刺激を左右にそれぞれスライドさせることができる。当然，両眼の変化刺激を同方向または反対方向に異なる距離を移動させることもできるものである。実際には全刺激を移動させる必要性はあまりないので，用途に応じて次のBの中から選択する方がよいであろう。B「変化刺激移動型」のものはAよりも簡易なもので，変化刺激のみ移動可能なものである。用途に応じて次の2種類に分けられる。1)「固定刺激の輻輳角内に変化刺激を置く場合」では固定（基準）刺激の輻輳角内にある変化刺激を左右に移動可能なものであり，両眼用の変化刺激を同方向に等距離移動させて変化刺激像を移動させることができる。2)「固定刺激の輻輳角外に変化刺激を置く場合」は固定刺激の輻輳角外にある変化刺激を左右に移動可能なもので，固定刺激を基準刺激として変化刺激の奥行知覚を調べる通常の場合である。勿論，両眼の変化刺激を同方向または反対方向に移動させることもできる。用途に応じて更に次の2種類に分けられる。(1)「各変化刺激を移動可能なもの」は右眼または左眼用の変化刺激のみ移動させる場合や両眼の変化刺激を同方向または反対方向に互いに移動させる場合に使用することができる。(2)「変化刺激を相反方向に移動可能なもの」の変化刺激相反方向移動型では両眼用の変化刺激を相反方向に等距離移動可能なものである。以下これらについて順次述べるが，重複部分は割愛されている。

A　全刺激移動型

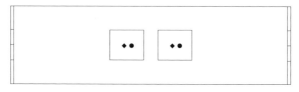

ステレオグラムの左右4個の刺激がそれぞれ左右に移動可能な全刺激移動型ステレ

オグラムを紹介する。この図は固定刺激の輻輳角外に変化刺激がある通常の場合の完成時の円形刺激と菱形刺激の刺激配置を示したものである。勿論固定刺激の輻輳角内に変化刺激がある場合にも用いることができる。以下の番号①から⑤までの用紙を作成し，各用紙の上下の端の部分を折り曲げ，それらを1から5の順に重ねたものである。先ず各用紙の⇧印を上にして上下を揃えておく。各用紙を折り曲げる箇所は，上下の線を目安にするが，最上の1の用紙は若干折り曲げる部分を狭く，最下の5にいくにつれて折り曲げ部分を次第に広くしていくと滑りがよくなる。

完成したステレオグラムをステレオスコープの刺激提示板に装着するとき，備え付けの刺激提示板が小さい場合には大きな厚手のプラスチック板を予め装着しておくとよい。刺激提示板の上をステレオグラムの用紙がスライド可能なように「プラカブセ」として市販されているレール（断面の内径が約0.8cm程度のコの字型のプラスチック製のもの）を上下に取り付けてその間にステレオグラムを挟み込み，レール上をスライドするようにする。

固定刺激の輻輳角内に他の刺激（変化刺激）が入る場合の実験では該当する変化刺激の間隔を一定に保ちながら左右に移動させる必要が生じる。いずれか一方の変化刺激像を平行に左右に移動させようとするとこのためにはスライド式ステレオグラムの該当刺激の右側または左側に用紙の突出している個所をセロテープ等で貼り合せて，それをつまんで左右に動かすことにすればよく，移動させない方の用紙も適当にセロテープ等でレール等に固定しておくとよい。なお，以下に示す用紙では，刺激を移動させる際に特定の該当する刺激を挟んで出し入れし易くするため，円形刺激の2と4の用紙は右に，菱形刺激の3と5の用紙は左に突き出るようにしてある。

①窓枠刺激

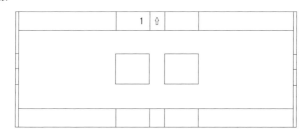

最上部の用紙として用いるもので，OHPのシートに図（No.1）の窓枠を印刷した用紙を貼り合せたものである。窓枠の線に沿って切り落とすが，枠が刺激の一部として必要となる場合には，それを切り落とさず，窓枠の内側を切り抜いて枠を残してお

くようにする。

②右眼円形刺激

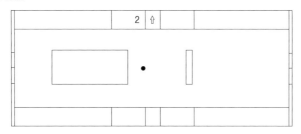

　この用紙は，OHPシートのみであり，全面透明である。OHPシートに刺激等をプリントすればよいが，プリントできない場合には，予め印刷したものを貼り付けるか，直接用紙に描いて作成する。右側の細いスリットを切り抜き，3枚目の舌の部分をここから出し，刺激間の上下へのずれを少なくするためである。左側の矩形は，3及び4枚目の刺激が透視し易くなるように切り抜いておく。この2枚目の用紙自体がOHPシートであり透明であるから切り落とす必要はないが，残しておくと光が反射して刺激が見えにくくなる虞があるからである。

③右眼菱形刺激

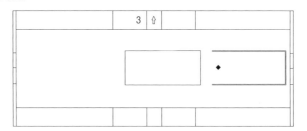

　この用紙は，OHPシートと印刷した用紙を貼り合せて作成する。右側のコの字形の部分は，線に沿って切り込みを入れ，先の②の用紙の舌として，完成時には②の用紙のスリットに通して使用する。左側の矩形は，④の用紙の刺激が透視できるように切り抜いておく。

④左眼円形刺激

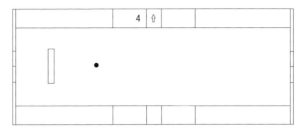

　この用紙は，②の用紙と同様に作成する。OHP シートのみであるが，OHP シートに図のままプリントすればよいが，プリントできない場合には，②の用紙と同様に予め印刷したものを貼り付けるか，直接用紙に描いて作成する。左側の細いスリットを切り抜き，⑤の用紙の舌の部分をここから出すようにする。

⑤左眼菱形刺激

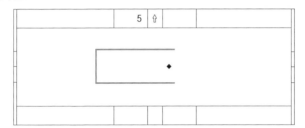

　この用紙は，③の用紙の菱形刺激と同様に，OHP シートと印刷した用紙を貼り合せて作成する。中央のコの字形の部分は線に沿って切り込み，舌として用いる。完成時には先の④の用紙のスリットに通して使用する。

B　変化刺激移動型

　Aの「全刺激移動型」における固定刺激は枠と共に印刷しておき，変化刺激のみ移動させることで足りる。この場合は全刺激移動型の簡略型であるから，わざわざ紹介するまでもないが，実験の目的に応じて変化刺激をどのように変化させるか等の点で若干異なるため，以下1）および2）の場合について紹介しておくことにする。2）はさらに（1）および（2）に分けられる。ここでは太い垂線を刺激とした場合を例示する。

138　付　録

1）固定刺激の輻輳角内に変化刺激を置く場合

　先ず，固定刺激の輻輳角内を他の刺激像が移動する場合のステレオグラムについて，その作成法を例示する。ここでは輻輳角内にある2本の太い垂線刺激の刺激像が平行移動する場合のステレオグラムを概観すると図のようになる。左右計4本の太い垂線の内，枠に隣接した外側の2本は固定刺激であり，内側の2本が変化刺激である。黒い枠の中に細い枠があるが，これは切り抜く線を示している。

　輻輳角内にある刺激対象が平行移動する場合には左右の変化刺激を同じ方向に等速度で移動させる必要が生じるが，そのためには変化刺激がプリントされている用紙②および③の端をセロテープ等で一部貼り合わせ，両用紙をつまんで左右に移動させる。ここでは3枚の用紙ともOHPのシートに刺激等をコピーした用紙を貼り合わせて作成する。

①窓枠および固定刺激

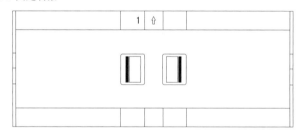

　最上部の用紙となるもので，OHPのシートに図の窓枠および固定刺激等を印刷した用紙を貼り合せた後，この用紙を窓枠と固定刺激の内側を線に沿って切り抜いておく。枠および固定刺激は刺激として必要であるから，切り抜かず残しておく。

付録1　スライド型ステレオグラムの作成方法　139

②左眼用移動刺激

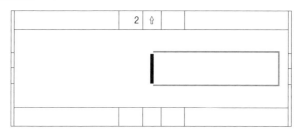

　この用紙も，前述のようにOHPシートと印刷した用紙を貼り合せて後，図の右側のコの字形の部分を線に沿って切り込み，次の③の用紙の舌を作成しておく。完成時には③のスリットに通して使用する。

③右眼用移動刺激

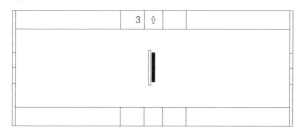

　この用紙も，OHPシートと印刷した用紙を貼り合せて作成する。刺激に接したスリットを切り抜く。No.2の用紙の舌をこのスリットに上から下に通して用いる。

2）固定刺激の輻輳角外に変化刺激を置く場合
(1) 各変化刺激を移動可能なもの

　固定刺激の輻輳角外にある太い垂線（変化刺激）について，ステレオグラムを概観すると図のようになる。ここに示す例では左右4本の垂線の内，左右それぞれ左側の2本は枠に隣接した固定した刺激であり，右側の2本が移動刺激である。ここでも黒

い枠の中に細い枠があるようにみえるが，これは切り抜く位置を示している．

　固定刺激の輻輳角外にある変化刺激を移動させる場合は，左右の変化刺激のいずれかの1刺激を移動させることが多いと思われる．その際には移動させる刺激のプリントされている用紙を選択して移動させることになる．また，輻輳角外にある両眼用の刺激を共に平行移動させる場合には，「①窓枠および固定刺激」以外の用紙は，先述の1）固定刺激の輻輳角内に変化刺激を置く場合と同様に作成すればよいので省略する．なお，刺激移動については，通常は1）の輻輳角内にある刺激が平行移動する場合のように平行移動させる必要はなく，右眼または左眼の変化刺激を別個に移動させることになる．

①窓枠および固定刺激

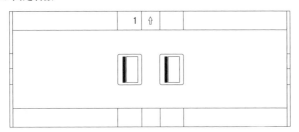

　最上部の用紙となるもので，OHPのシートに図の窓枠および固定刺激等を印刷した用紙を貼り合せた後，この用紙を窓枠と固定刺激の内側を線に沿って切り抜いておく．枠および固定刺激は刺激として必要であるから，切り抜かず残しておく．

(2) 変化刺激を相反方向に移動可能なもの

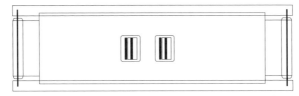

　輻輳角外にある刺激対象間の奥行きを変化させるため両眼に同程度の両眼視差を生起させて，刺激像の奥行きを加算的に変化させようとする場合には，両眼の変化刺激を逆方向に移動して視差を変化させなければならない．左右の一刺激（変化刺激Bとする）が他の刺激（標準刺激Aとする）に対して両眼視差を生起させるとき標準刺激に対する変化刺激の奥行きの知覚が生じる．これを確かめるためには，例えば左のB

刺激を右方向に，右のB刺激を左方向に等速度で移動させることが必要となる。輻輳角外刺激のB刺激をこのように移動させるに筆者が用いた簡便な方法は，両刺激を記載した二枚の用紙の両端を別の連結用紙に接続して一つの輪の形（ベルト状）にして，連結した用紙を図のように回転軸（「プラカブセ」で作成したレールの両端に回転軸を設置しておく），にベルトを架けるようにして，相互の刺激を反対方向に移動させる方法である。この場合のステレオグラム刺激は前述の（1）「片眼用変化刺激の移動」と同様である。

付録2　改良型ホイートストーン式ステレオスコープの作成法

1　装置

装置作成のため先ず図1のようなW型の本体を作る。そのため幅15cm×高さ20cm程度の厚紙を4枚と10cm×15cm程度の鏡（m）2枚と11cm×16.5cm程度の枠に入った鏡（mW）を2枚用意する。枠に入った鏡は左右のウイング（W）の接合端から4センチ程度の箇所にそれぞれ貼り付ける。中央に位置する2枚の厚紙には端から約5cmの所にステレオグラム（g）を透すための約9.5cm強の長さのスリット

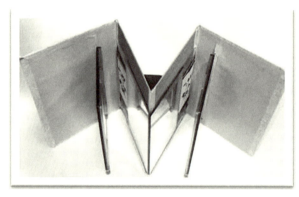

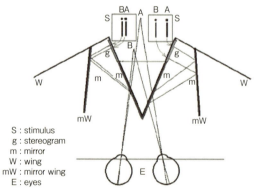

S : stimulus
g : stereogram
m : mirror
W : wing
mW : mirror wing
E : eyes

図1　改良型ホイートストーン式ステレオスコープ

注）上の鳥瞰図と下の構造図は別個の実験報告から掲載したため刺激は異なっている。

を穿っておく。また，鏡を立ててスライド可能なようにプラスチックのレールを上下に取り付けておく。なお，ステレオグラムの端を固定するため，透明のプラスチックのレールを用紙の接合端に縦方向に貼っておくとよい。

4枚の厚紙を貼り合わせて，W型を作る。中央の2枚には鏡を装着するようにする。左右のウイングに枠に入った鏡を取り付けるとき，ウィングや枠に入った鏡のそれぞれ床面に接するようにする。ステレオグラムをスリットに通して設置したとき，中央の用紙2枚は固定するので，枠に入った鏡（mW）やウイング（w）を開閉して左右の刺激像が融像するよう調節する。

2　ステレオグラム（例）

ステレオグラム作成には，ブリュースター式のステレオグラムと同じ大きさの厚紙を用意する。両端約5 cmの所で折り目を付けておき，装置のスリットを透して固定し易くする。刺激の左右配置はブリュースター型のステレオグラムと同様に配置するが，用紙の両端5 cm以内に刺激を貼付または印刷しておく。

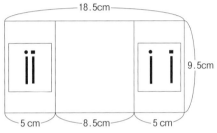

図2　改良型ホイートストーン式ステレオスコープ用ステレオグラム（例）

注）刺激は図1の構造図に示す刺激と同じものである。

3　改良型ホイートストーン式ステレオスコープによる奥行知覚実験[24]

目　的

ホイートストーン（Wheatstone）式ステレオスコープを用いて得られる刺激の奥行知覚とブリュースター（Brewster）式ステレオスコープで得られる同一刺激の奥行知覚を比較すると異なるものになる。その理由はホイートストーン式ステレオスコープでは鏡による左右反転した鏡映像を映すため，鼻側の位置の刺激が耳側の像に，逆に耳側の位置の刺激が鼻側の像に代わる。このような鏡映像を融像させる結果，眼に接近するはずの刺激像が眼から遠隔化し，眼から遠隔化するはずの刺激像が眼に接近して知覚されるというシュードスコープ視になると考えられる。従って立体視が得られるブリユースター式のものとは異なる結果になる。そこで本研究では改良型のホイートストーン式ステレオスコープを前述の要領で作成し，それを使用して奥行知覚

24）太田（2017）の研究報告を骨子としたものである。

実験を実施して，立体視が得られることを検証しようとした。諸条件が異なるから単純に比較することはできないが概略的に比較検討するため，この結果をブリュースター式ステレオスコープの結果と比較するとともに，併せて従来のホイートストーン式ステレオスコープ（W型）が実際にシュードスコープ視となることを確かめることにした。

方　法

実験装置：改良型ホイートストーン式ステレオスコープと従来のホイートストーン式ステレオスコープ（W型）および半田屋製のブリュースター式ステレオスコープを実験装置として用いた。改良型ホイートストーン式ステレオスコープは図1の鳥瞰図および構成に示されているものであった。

ステレオグラムには半田屋発行の湖崎　克　選の No.13絵図を用いたが，刺激の内で比較的小さい2匹の蝶と蜂と蚯等を削除し，5個の動植物より成る絵図刺激[25]に改変して使用した。勿論，右刺激に付加されている小さなハエ，左刺激に付加されている小さな蟻も削除されている。

図3　ステレオグラム刺激の両眼視差

注）左眼用の刺激（黒色）と右眼用の刺激（灰色）をつばめと蝶を基準として重ね，他の刺激のズレの大きさ（両眼視差）を示す。

図3では，このステレオグラム刺激の両眼視差が明らかになるよう右眼用と左眼用の刺激が重ねられている。左眼用の刺激（黒色）と右眼用の刺激（灰色）を最も沈み込んで見えるつばめと蝶を基準刺激として重ねると，セミが最も大きくズレており，トンボ，花に順にズレが小さくなる。即ち視差の大きい左眼用の変化刺激の中で最も鼻方向にズレているセミからトンボ，花の順にズレが少なくなっている。このことから次のことが予想される。基準刺激（つばめと蝶）より他の左眼用の変化刺激（黒）が右眼用の変化刺激（灰色）より大きく右側（左眼にとって鼻側）にズレている。奥行知覚に関する現象的理解に基づくとき，ズレの大きさに伴って最も浮き出て見えるのはセミであり，トンボ，花の順に浮き出る程度は小さくなることになる。その順序は当然「最新式実体鏡画説明」（湖崎　克著）に記載されている刺激ごとの奥行知覚の凹凸の順序と

---

25) 実験結果の実験（10）で用いた刺激と同じ。

付録2　改良型ホイートストン式ステレオスコープの作成法　145

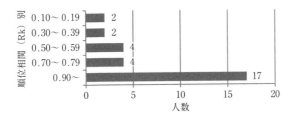

図4　改良型ホイートストン式ステレオコープによる絵図の順位相関係数段階別　人数

注）Rk は Kendall の順位相関係数 Mdn＝0.95

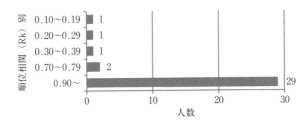

図5　ブリュースター式ステレオコープによる絵図の順位相関係数段階別　人数

注）Rk は Kendall の順位相関係数 Mdn＝0.95

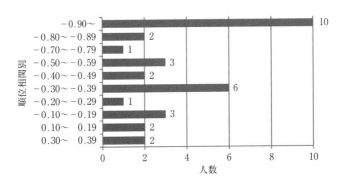

図6　ホイートストン式ステレオコープによる絵図の順位相関係数別　人数

注）Rk は Kendall の順位相関係数 Mdn＝－0.48

一致している。

被験者：従来のホイートストーン式ステレオスコープによる実験の被験者数は32名，ブリュースター式ステレオスコープによる実験では34名。改良ホイートストーン式ステレオスコープを用いた実験では29名であった。

実験期日：従来のホイートストーン式ステレオスコープおよびブリュースター式ステレオスコープを用いた実験は2015年12月22日および2016年12月13日に，改良ホイートストーン式ステレオスコープを用いた実験は，2016年3月8日および同年12月13日に実施した。

結 果

半田屋製の「最新式実体鏡画説明」の絵図 No.13の刺激部分の奥行知覚の凹凸（凹は沈み込みを，凸は浮き出しを示す）順序を基準に，各被験者の奥行知覚を比較するため，Kendallの順位相関係数を算出し比較した。図4をみると，改良型ホイートストーン式ステレオスコープでは，基準となる順位に対して総ての者が正の相関係数を示しており中央値も0.95とかなり高い値であった。ブリュースター式のものでも総ての者が高い正の相関係数を示し，中央値は改良型ホイートストーン式のものと同程度であった。しかしブリュースター式のものでは相関係数が改良型ホイートストーン式のものより高い者が若干多かった（図5）。表には記されていないが，完全に正解した者（順位相関が1.00の者）の数はブリュースター式のものでは7人もいたのに対して，改良型ホイートストーン式のものではわずかに1人であった。これに対して従来のホイートストーン式のものではほとんどの者が基準となる順位に対し負の相関係数を，特に3割強の者が-0.8より著しい負の相関を示してシュードスコープ視となり，中央値も-0.48であり（図6），改良型ステレオスコープの結果と極めて対照的であった。

考 察

本研究では絵図を刺激として用い，改良型ホイートストーン式ステレオスコープ（W型），市販のブリュースター式ステレオスコープおよび従来のホイートストーン式ステレオスコープ（W型）による奥行知覚実験を行い，それらの結果を比較検討した。サンプル数が少ないので，度数分布図としては示されなかったが，改良型ホイートストーン式ステレオスコープによる奥行知覚では立体視が得られることが確かめられた。この結果はブリュースター式ステレオスコープによるものと類似していたが，更なる改良が望まれると思われた。また，従来のホイートストーン式ステレオスコープを用

いた場合の奥行知覚は改良型ホイートストーン式ステレオスコープの結果とは極めて対照的であり，殆どの者の奥行の知覚がシュードスコープ視となることが確認された。

略歴

太田　雅夫（おおた　まさお）

名古屋大学教育学部卒業，同大学大学院教育学研究科博士課程
（教育心理学専攻）単位取得退学。同大学助手，文部省調査局
係長，国立教育研究所主任研究官，金沢大学教育学部助教授，
教授を経て同大学定年退官。その後，金沢学院大学教授，
評議員を経て同大学定年退官。
現在，金沢大学名誉教授　教育学博士（名古屋大学）

著書・訳書

『集団の自己調整システムに関する研究』（単著，風間書房）
『グループ・ダイナミックスの研究』第5集（共著，理想社）
『社会心理学概論』（共著，朝倉書店）
『社会心理学』（共著，朝倉書店）
『親子関係の心理』（共著，金子書房）
『教授・学習過程の心理学』（編著，学術図書出版社）
クームス，他著『数理心理学序説』（共訳，新曜社），他

視野と奥行知覚に関する研究

2018年12月25日　初版第1刷発行

著　者　　太　田　雅　夫
発行者　　風　間　敬　子
発行所　　株式会社 風 間 書 房
〒101-0051　東京都千代田区神田神保町 1-34
電話 03(3291)5729　FAX 03(3291)5757
振替 00110-5-1853

印刷　太平印刷社　　製本　井上製本所

©2018 Masao Ota　　　　　　　　NDC 分類：140
ISBN978-4-7599-2252-3　　Printed in Japan
〈(社)出版者著作権管理機構　委託出版物〉
本書の無断複製は，著作権法上での例外を除き禁じられています。複製される
場合はそのつど事前に(社)出版者著作権管理機構（電話 03-3513-6969, FAX 03-
3513-6979, e-mail: info@jcopy.or.jp）の許諾を得てください。